W9-BAE-300

essential

Russian

Professor Keith Rawson-Jones
Dr. Alla Leonidovna Nazarenko

**Berlitz Publishing/APA Publications
GmbH & Co. Verlag KG,
Singapore Branch, Singapore**

Essential Russian

Contacting the Editors
Every effort has been made to provide accurate information in this publication, but changes are inevitable. The publisher cannot be responsible for any resulting loss, inconvenience or injury. We would appreciate it if readers would call our attention to any errors or outdated information by contacting Berlitz Publishing, 95 Progress Street, Union, NJ 07083, USA. Fax: 1-908-206-1103.
email: comments@berlitzbooks.com

Printed in Singapore by Insight Print Services (Pte) Ltd., April 2005.

Cover photo © F64/Photodisc; inset photo © PhotoAlto

CONTENTS

ESSENTIAL RUSSIAN

INTRODUCTION

For over a century, Berlitz language courses and books have helped people learn foreign languages for business, for pleasure, for travel – and helped people improve their ability to communicate with their fellow human beings all over the world. With more than 30 million students to date, Berlitz has maintained a tradition of excellence in language instruction that goes back to the founding of the company in 1878 by Professor Maximilian Berlitz.

Professor Berlitz's great innovation in the teaching of a foreign language was to modify the old practice of teaching grammar and vocabulary by rote, concentrating instead on the dynamic application of the living language from the moment a student begins his or her study. This Berlitz Essential book continues this successful method of foreign language teaching through dialog, phonetics and vocabulary.

Whether you're a beginner who's never studied a foreign language or a former student brushing up on old skills, Berlitz *Essential Russian* will provide you with all the tools and information you need to speak a foreign tongue easily and effectively. Furthermore, the book is designed to permit you to study at your own pace, based on your level of expertise.

* Lively bilingual dialogs describe actual, everyday situations in which you might find yourself when travelling in a foreign country.

* Basic grammar is taught through actual phrases and sentences, which help you develop an instinctive sense of correct grammar without having to study long lists of rules and exceptions.

* An exercise section in each lesson gives you the opportunity to pinpoint your strengths and weaknesses, and enables you to study more efficiently.

* The glossary at the end of the book gives you an easy reference list of all the words used in the book.

HOW TO USE THIS BOOK

The best way to learn any language is through consistent daily study. Decide for yourself how much time you can devote to the study of *Essential Russian* each day – you may be able to complete two lessons a day or just have time for a half-hour of study. Set a realistic daily study goal that you can easily achieve, one that includes studying new material as well as reviewing the old. The more frequent your exposure to the language, the better your results will be.

THE STRUCTURE OF THE BOOK

* Read the dialog at the beginning of each lesson aloud, slowly and carefully, using the translation.

* When you have read the dialog through enough times to get a good grasp of the sounds and sense of it, read the grammar and usage notes, paying particular attention to how the language builds its sentences. Then go back and read the dialog again.

* When studying the vocabulary list, it is useful to write the words down in a notebook. This will help you remember both the spelling and meaning, as you move ahead. You might also try writing the word in a sentence that you make up yourself.

* Try to work on the exercise section without referring to the dialog, then go back and check your answers against the dialog or by consulting the answer section at the end of the book. It's helpful to repeat the exercises.

By dedicating yourself to the lessons in the Berlitz *Essential Russian* course, you will quickly put together the basic building blocks of Russian, which will help you to continue at your own pace. You will find in this book all you need to know in order to communicate effectively in a foreign language; and you will be amply prepared to go on to master Russian with all the fluency of a native speaker.

GUIDE TO PRONUNCIATION

The phonetic transcription in the first half of the course will help you to pronounce Russian correctly. Instead of using complicated phonetic symbols, we've devised recognizable English approximations that, when read aloud, will give you the correct pronunciation of the Russian words. You don't need to memorize the phonetics; just sound the words out and practise their pronunciation until you're comfortable with them.

The phonetic transcription is there to help you unlock the basic sound of each word; the accent and cadence of the language will eventually best be learned by conversation with a native speaker.

NOTE FROM THE AUTHORS

There is an old linguistic puzzle:

GHOTI =

How?

Answer: enouGH   GH   pronounced   "F"

wOmen   O   pronounced   "I"

iniTIative   TI   pronounced   "SH"

Fortunately, the reading and spelling of Russian is less complicated than that of English. So take heart! The Russian alphabet may look very strange and complicated at first, but you will soon master it. And once you have, you will be well on the way to reading Russian texts and speaking Russian.

In lesson 1 you will find the Russian alphabet in its written and printed form, together with an approximate guide to the pronunciation of the letters. Then you will discover that you already know some Russian words!

We wish you every success with this course.

Dr Alla Leonidovna Nazarenko
Professor Keith Rawson-Jones

Faculty of Foreign Languages
Moscow State University

INTRODUCTION

РУ́ССКИЙ АЛФАВИ́Т
ROOSKEEY ALFAVIT

THE RUSSIAN ALPHABET

Some letters represent more than one sound, depending on their position in a word or combination of words. Here we give the sounds that the letters represent in speech, not their names. These are given later.

Written		Printed	Approximate Pronunciation
А	а	А а	[a] in cat
Б	б	Б б	[b] in bed
В	в	В в	[v] in vodka
Г	г	Г г	[g] in gold
Д	д	Д д	[d] in dot
Е	е	Е е	[ye] in yet (stressed)
			[e] in every (unstressed)
Ё	ё	Ё ё	[yo] in yonder
Ж	ж	Ж ж	[zh] in measure
З	з	З з	[s] in please

И	*и*	И и	[ee] in street (stressed)
			[i] in sin (unstressed)
Й	*й*	Й й	[y] in young
Ж	*ж*	К к	[c] in cover
Л	*л*	Л л	[l] in low
М	*м*	М м	[m] in mad
Н	*н*	Н н	[n] in not
О	*о*	О о	[o] in north (stressed)
			[a] in attorney (unstressed)
П	*п*	П п	[p] in plot
Р	*р*	Р р	[r] in grey
С	*с*	С с	[s] in salt
Т	*т*	Т т	[t] in town
У	*у*	У у	[oo] in cool
Ф	*ф*	Ф ф	[f] in fee
Х	*х*	Х х	[h] in hurry (see note below)
Ц	*ц*	Ц ц	[tz] in quartz
	ч	Ч ч	[ch] in chunk
Ш	*ш*	Ш ш	[sh] in shawl
Щ	*щ*	Щ щ	[shch] in hush child
	ъ	Ъ ъ	No sound. See note below.
	ы	Ы ы	[i] in thing
	ь	Ь ь	No sound. See note below.
Э	*э*	Э э	[e] in every
Ю	*ю*	Ю ю	[u] in union
Я	*я*	Я я	[ya] in Yankee

NOTES ON THE ALPHABET

1. The letter **Ъ** is called the "hard sign." It is placed between a consonant and either **е, ё, ю** or **я** to keep the consonant it follows hard:

   подъе́зд entrance   **объём** volume   **объявле́ние** announcement
   pad-yezd   *ab-yom*   *ab-yavlyeneeye*

2. The letter **ь** is called the "soft sign." It has no sound of its own but it acts to soften the consonant which it follows. Although there is no direct equivalent symbol in English, the English language does differentiate between hard and soft consonants (the "t" in "hat" can be "softer" than the "t" in "top," and the "l" in "liason" is "softer" than the "l" in "lobster"). Examples of the soft sign in common Russian words:

день day   **мать** mother   **рубль** rouble
dyen   *mat*   *roobl*

3. When **o** is not stressed, it becomes an "a" sound, as the "a" in "attorney":

хорошо́ good   **молоко́** milk   **Москва́** Moscow
harasho   *malako*   *Maskva*

4. The letter **x** does not have an equivalent sound in English. It is, however, like the Scottish "ch" in "loch" and the German "ch" in "buch."

5. At the end of a word the pronunciation of the following consonants changes:

	Usual	End of a word
б	"b" as in "bed" **Бог** God *bok*	"p" as in "hip": **гроб** casket *grop*
в	"v" as in "very" **вино́** wine *vino*	"f" as in "feather": **нерв** nerve *nyerf*
г	"g" as in "good" **год** year *got*	"k" as in "crook": **флаг** flag *flak*
д	"d" as in "dog" **дом** home/house *dom*	"t" as in "cat": **сад** garden *sat*
з	"z" as in "zoo" **зуб** tooth *zoop*	"s" as in "sip": **моро́з** frost *maros*
ж	"zh" as in "measure" **жара́** heat *zhara*	"sh" as in "shave": **нож** knife *nosh*

6. The letter **г** is usually pronounced as the "g" as "good":

го́род city / town   **мно́го** much/many   **год** year
gorat   *mnoga*   *got*

In the combination of letters: **его** (*yeva*) and **ого** (*ava*) it is pronounced "v," when the vowel *preceding* **г**, either **е** or **о**, is not stressed:

Всего́ хоро́шего!   All the best!
Vsyevo haroshyevo

7. When a letter is not pronounced "as usual," the alternative pronunciation is reflected in the transliteration.

TRANSLITERATION

For the first 10 lessons in this course – apart from review lessons – we give the approximate pronunciation of the complete texts in the Latin alphabet, as well as notes on pronunciation where necessary.

STRESS

In Russian words of more than one syllable, only one of the syllables is stressed, and the stress is heavier, more emphatic, than in English. The stress in Russian is only on vowels and is marked in the Russian text with an accent. We advise you to pay particular attention to the stress when you learn a word. Vowels on which the stress falls are clearly pronounced, whereas if they are not stressed, they are less distinct. The letter **Ё ё** is *always* stressed.

During this course you will encounter some instances where the stress is unexpectedly different. This occurs mainly in set phrases, which you may find useful to learn.

GRAMMAR

NUMBERS 0–10

Try to learn these numbers by heart.

0 ноль nol				
1 оди́н *adeen*	2 два *dva*	3 три *tree*	4 четы́ре *chyetirye*	5 пять *pyat*
6 шесть *shyest*	7 семь *syem*	8 во́семь *vosyem*	9 де́вять *dyevyat*	10 де́сять *dyesyat*

Remember that **т** is very soft/faint when followed by **ь**.

SOME USEFUL EXPRESSIONS

да *(da)* yes

нет *(nyet)* no

хорошо́ *(harasho)* good (unstressed **o** = "a" in attorney)

спаси́бо *(spaseeba)* thank you (unstressed **o** again)

до свида́ния *(dasveedaneeya)* goodbye (until we meet again – like "au revoir"), pronounced as one word, so the unstressed **o** is pronounced "a."

Росси́я *(Rasseeya)* Russia (unstressed **o**)

Аме́рика *(Amyereeka)*

президе́нт *(pryezeedyent)* president (The stress is not as in English)

ко́фе *(kofye)* coffee

чай *(chay)* tea

EXERCISES

1. *As we said in the introduction, without realizing it you already know some Russian words. Here are a few words we think you will recognize. Work out what they are. Transliterate them, write down the English equivalents and check them against the Key. Example:*

КО́КА-КО́ЛА = *(KOKA-KOLA)* = COCA COLA.

1. ТЕ́ННИС
2. ДО́ЛЛАР
3. БАСКЕТБО́Л
4. ДО́КТОР
5. НЬЮ-ЙО́РК
6. КАЛИФО́РНИЯ
7. БЕЙСБО́Л
8. УНИВЕРСИТЕ́Т
9. А́ДРЕС
10. ПЕ́ПСИ-КО́ЛА
11. О́ФИС
12. ФУТБО́Л
13. ПРЕЗИДЕ́НТ КЛИ́НТОН
14. ПРЕЗИДЕ́НТ БУШ
15. ТЕЛЕФО́Н
16. БАР
17. РЕСТОРА́Н
18. БОРИ́С Е́ЛЬЦИН
19. МА́ФИЯ
20. ТАКСИ́

A lot of Russian words are similar to English ones. There are more in later lessons.

2. *The following exercise will help you to become familiar with some of the letters of the Russian alphabet. Writing the letters down will help you to remember them. The approximate English equivalent sound is given and you must write down the Russian letter twice, in capital and small letters. For example :*

[y] in young = **Й й**

1. [a] in cat
2. [ya] in yankee
3. [e] in every
4. [ye] in yet
5. [i] in thing
6. ee] in street
7. [o] in north
8. [yo] in yonder
9. [oo] in cool
10. [u] in union

Did you notice that these letters are all vowels, and that they are in pairs? The first in each pair is "hard" and the second "soft."

3. *Here are some words which you have already seen. Each has a letter missing. Write down the complete word, with the stress mark, and check your answer against the Key.*

1. Пре-идéнт
2. А-éрика
3. спа-ѝбо
4. четы́-е
5. - аксѝ
6. дóлла-
7. дó-тор
8. вóсем-
9. ó-ис
10. дéс-ть
11. хо-ошó
12. Рос-ѝя
13. д- сви-áния
14. кó-е
15. ча-
16. рес-орáн

4. *Let's do some simple math in Russian. Write out your answers in full, complete with stress marks.*

1. оди́н + три = ?
2. пять + пять = ?
3. вóсемь + оди́н = ?
4. дéсять - два = ?
5. пять - пять = ?
6. шесть - два = ?
7. дéвять + оди́н = ?
8. четы́ре + три = ?
9. дéсять - пять = ?
10. нуль + шесть = ?

That's the end of your first lesson. We hope that you are starting to "get the feel" of the alphabet.

ЗДРÁВСТВУЙТЕ
*ZDRASTVOOYTYE**

HELLO

*In the greeting **Здрáвствуйте**, the first **в** is not pronounced.

In this lesson we have two characters. **Андрéй** (*Andrey*) = Andrew
Ивáнович (*Eevanaveech*) = son of Ivan **Смирнóв** (*Smeernof*), and
Пáвел (*Pavyel*) = Paul. Paul is an American and is studying Russian.
The English in square brackets, [ ], gives a word-for-word translation
to help you get the feel of how Russian sentences are constructed.
Words in round brackets, ( ), are not given in the original Russian
but are implied in the sense.

Андрéй	**Здрáвствуйте, Пáвел. Как вáши делá?**
Andrey	*Zdrastvooytye, Pavyel. Kak vashi dyela?*
	Hello, Paul. How are things? [How your things?]
Пáвел	**Здрáвствуйте. У меня́ всё хорошó, спасúбо. А как вáши делá?**
Pavyel	*Zdrastvooyte. Oo menya fsyo harasho, spaseeba. A kak vashee dyela?*

Hello. Everything's fine with me, thank you. [At me all good, thank you.] And how are things with you? [And how your affairs?]

Андрей Спаси́бо, хорошо́. Сади́тесь, пожа́луйста. Дава́йте начнём наш уро́к.
Spaseeba, harasho. Sadeetyes, pazhalsta. Davaytye nachnyom nash oorok.
Fine, thank you. [Thank you, fine.] Sit down, please. Let's begin our lesson. [Let (we) shall begin our lesson.]

Па́вел С удово́льствием.
S oodavolstveeyem.
With pleasure.

Андрей Оди́н вопро́с, Па́вел.
Adin vapros, Pavyel.
A [one] question, Paul.

Па́вел Да, пожа́луйста.
Da, pazhalsta.
Yes, please.

Андрей Вот, посмотри́те. Э́то ру́чка?
Vot, pasmatreetye. Eta roochka?
Look at this. [Here, look.] Is this a pen? [This pen?]

Па́вел Да, э́то ру́чка.
Da, eta roochka.
Yes, it's a pen. [Yes, this pen.]

Андрей А э́то? Э́то ру́чка и́ли ключ?
A eta ? Eta roochka eelee klyooch?
And this ? Is it a pen or a key? [This pen or key?]

Па́вел Э́то ключ.
Eta klyooch.
It's a key. [This key.]

Андрей А э́то? Э́то то́же ключ?
A eta ? Eta tozhe klyooch?
And this ? Is this a key too ? [This also key?]

Па́вел Нет, э́то не ключ.
Nyet, eta nye klyooch.
No, it's not a key. [No, this not key.]

Андрей	Что это?
	Shto eta? (Here ч *is pronounced "sh," not, as usual, "ch")*
	What is it? [What this?]

Павел	Это книга. Это книга на русском языке.
	Eta kneega. Eta kneega na rooskam yazikye.
	It's a book. [This book.] It's a book in Russian. [This book on Russian language.]

Андрей	Очень хорошо, Павел. До свидания.
	Ochyen harasho, Pavyel. Da sveedaneeya.
	Very good, Paul. Goodbye. [Until meeting.]

Павел	До свидания, Андрей Иванович. До скорой встречи!
	Da sveedaneeya, Andrey Eevanaveech. Da skoray fstryechee!
	Goodbye, Andrey Ivanovich. See you soon. [Until early meeting.]

QUESTIONS AND ANSWERS

Вопрос:	Что это?	
Vapros	*Shto eta?*	
Question	What is this? [What this?]	

Ответ:	Это ручка.	ручка
Atvyet	*Eta roochka.*	*roochka*
Answer	It's a pen. [It pen]	a pen [pen]

Вопрос:	Что это?
	Shto eta?
	What is this? [What this?]

Ответ:	Это книга.	книга
	Eta kneega.	*kneega*
	It's a book. [It book.]	a book

Вопрос:	Что это?
	Shto eta?
	What is this? [What this?]

Ответ:	Это стол.	стол
	Eta stol .	*stol*
	It's a table. [It table.]	a table

Вопрос:	**Что э́то?**	
	Shto eta?	
	What is this? [What this?]	
Отве́т :	**Э́то стул.**	**стул**
	Eta stool.	*stool*
	It's a chair. [It chair.]	a chair

YES OR NO?

Вопрос:	**Э́то кни́га?**
Vapros	*Eta kneega?*
Question	Is this a book? [This book?]

Отве́т:	**Да, э́то кни́га.**
Atvyet	*Da, eta kneega.*
Answer	Yes, it's a book. [Yes, this book.]

Вопрос:	**Э́то стол?**
	Eta stol ?
	Is this a table? [This table?]

Отве́т:	**Нет, э́то не стол. Э́то стул.**
	Nyet, eta nye stol. Eta stool.
	No, it's not a table. [No, it not table.]
	It's a chair. [It chair.]

Вопрос:	**Э́то стол?**
	Eta stol?
	Is this a table? [This table?]

Отве́т:	**Да, э́то стол.**
	Da, eta stol.
	Yes, it's a table. [Yes, it table.]

Вопрос:	**Э́то кни́га?**
	Eta kneega
	Is this a book? [This book?]

Отве́т:	**Нет, э́то не кни́га. Э́то ру́чка.**
	Nyet, eta nye kneega. Eta roochka.
	No, it's not a book. [No, it not book.]
	It's a pen. [It pen.]

GRAMMAR

THE VERB " TO BE "

Russians rarely use the present tense of the verb "to be": am, are, is.

Э́то кни́га = It (is a) book or This (is a) book, depending on the context.
э́то = it or this
кни́га = book

THE DEFINITE AND INDEFINITE ARTICLES: THE AND A

As you have just seen, **кни́га** = book. There are no articles in Russian. So **кни́га** can mean *a* book or *the* book, according to the context.

QUESTIONS IN RUSSIAN

Э́то стул. = It is a chair or This is a chair, according to the context.
Э́то стул? = Is it a chair? or Is this a chair?

We can do the same in English by altering the intonation:
He's at home. (Statement)
He's at home? (Question)

a) Read aloud, in English, "He's at home." (Statement.)
Now, in the same way read **Он до́ма** (On doma) = He (is) at home.
The way you read it will have been rather "flat" with no ups or downs in your speech.

b) Now read aloud: He's at home? (Question.) You read it with the tone of your voice asking a question.

c) And now, in the same way, read **Он до́ма?** (On doma?) = (Is) he at home? Similarly, compare:

Да. (*Da*) = Yes.	with **Да?** (*Da?*) = Yes?
(Statement)	(Question).
Нет. (*Nyet*) = No.	with **Нет?** (*Nyet?*) = No?
(Statement)	(Question).

Just as in English, questions can be asked by using:
"how?" **как?** (*kak?*), "what?" **что?** (*shto?*), "when?" **когда́?** (*kagda?*), etc.

THE NEGATIVE

Э́то не кни́га. (*Eta nye kneega.*) It is not a book/this is not the book. [It not book], is a good example of how to form a negative sentence. In general, just add **не** to a positive sentence before the main word:

Э́то хорошо́. (*Eta harasho.*) It's good. [It good.]
Э́то не хорошо́. (*Eta nye harasho.*) It's not good. [It not good.]

YOU AND THOU

In English the "thou," or familiar, form of address has virtually disappeared. Russian, in common with many other languages, has retained it.

вы (*vi*) = you and **ты** (*ti*) = thou. Only close friends, members of the same family, and older people talking to youngsters use **ты** (*ti*).

In the conversation above, **Андре́й Ива́нович** and **Па́вел** say **Здра́вствуйте** (*Zdrastvooytye*) to each other (the first **в** is not pronounced). If Paul had been a child, Andrei would have said **здра́вствуй** (*zdrastvooy*) to him, using the "thou" form of address. When you are in Russia, you will often hear **ты** (*ti*). But you should use the **вы** (*vi*) form until you know someone well.

PATRONYMICS : ИВА́НОВИЧ (*EEVANAVICH*) SON OF IVAN

In Lesson 1 you met a couple of American Presidents. Here is another: **Джо́нсон** (*Jonsan*) Johnson. Way back, this surname came from John: son of John. The Russians *always* have the first name of their father as the basis of their second name: son of... , daughter of...

If the father's first name ends in a "hard" consonant, the ending **-ович** (*avich*) is added for males, **-овна** (*avna*) for females:

Ива́н + ович *Eevan*	**Ива́нович** son of Ivan *Eevanavich*
Ива́н + овна *Eevan*	**Ива́новна** daughter of Ivan *Eevanavna*
Леони́д + ович *Leonid*	**Леони́дович** son of Leonid *Leoneedavich*
Леони́д + овна *Leonid*	**Леони́довна** daughter of Leonid *Leoneedavna*

If the father's first name ends in **-й**, or **ь**, the **й** or **ь** is dropped and -**евич** (*yevich*) is added for males and **-евна** (*yevna*) for females:

If the father's first name ends in **-а** or **-я**, these endings are dropped, and replaced by **-ич**, **-инична** or **-ична**:

Сергей *Syergey*	**Серге** + **-евич**	**Серге́евич** *Syergeyevich*
Сергей *Syergey*	**Серге** + **-евна**	**Серге́евна** *Syergeyevna*
Йгорь *Eegar*	**Йгор** + **-евич**	**Йгоревич** *Eegaryeveech*
Йгорь *Eegar*	**Йгор** + **-евна**	**Йгоревна** *Eegaryevna*
Илья *Eelya*	**Иль** + **ич**	**Ильи́ч** *Eelyeech*
Илья *Eelya*	**Иль** + **инична**	**Ильи́нична** *Eelyeeneechna*
Никита *Neekeeta*	**Никит** + **ич**	**Ники́тич** *Neekeeteech*
Никита *Neekeeta*	**Никит** + **ична**	**Ники́тична** *Neekeeteechna*

Russians usually use the first name and patronymic when addressing anybody who is not a child, close friend or member of the family.

NUMBERS 11–20

The numbers 11–19 are formed by putting 1–9 before **-надцать** (*natsat*):

на (*na*) "on" and **дцать** (*tsat*) which is a form of **де́сять** (*dyesyat*) ten. One on ten, two on ten, etc. Some letters are dropped or changed before **-на.** The **д** in **-дцать** is not pronounced.

The final **-ть** (*-t*) is pronounced very softly, like "t" in "fat" rather than in "top" – only softer, more faintly.

11 одиннадцать *adeenatsat*	12 двенадцать *dvyenatsat*	13 тринадцать *treenatsat*
14 четырнадцать *chyetirnatsat*	15 пятнадцать *pyatnatsat*	16 шестнадцать *shyestnatsat*
17 семнадцать *syemnatsat*	18 восемнадцать *vasyemnatsat*	19 девятнадцать *dyevyatnatsat*
20 двадцать *dvatsat*		

Note that there is no **на** before 20. Also that 2 **два** (*dva*) changes to **две**.

SOME USEFUL EXPRESSIONS

Я говорю по-русски.
Ya gavaryoo pa-rooskee.
I speak Russian.
Я говорю по-английски.
Ya gavaryoo pa-angleeyskee.
I speak English.
Я не говорю по-русски.
Ya nye gavaryoo pa-rooskee.
I don't speak Russian. [I no speak Russian]
Вы говорите по-русски?
Vi gavareetye pa-rooskee?
Do you speak Russian? [You speak Russian?]
Вы говорите по-английски?
Vi gavareetye pa-angleeyskee?
Do you speak English? [You speak English?]

VOCABULARY

Remember that there are no articles in Russian, so **урок** (*oorok*) can mean "a lesson" or "the lesson," and so on.

урок lesson
Здравствуйте Hello
как? how?
дела things/affairs
Как ваши дела? How are things? How goes it?

у can mean at, beside, by, near or on depending on the context. It is used to indicate possession, proximity or a close connection.

у меня́ I have [at me]

У меня́ кни́га. I have a book. [At me book.]

всё everything

хорошо́ good, fine

У меня́ всё хорошо́ Everything's fine. [At me all good]

спаси́бо thank you

а but, and

сади́тесь sit down. This is the formal or "you" form of the imperative.

дава́йте give, let us, let's

дава́йте начнём let's begin

наш our

с with

удово́льствие pleasure

с удово́льствием with pleasure

оди́н one

вопро́с question

да yes

пожа́луйста please

вот there is/are, here is/are.

посмотри́те look! This is the formal form of the imperative.

э́то this, that, it; this is, that is, it is.

ру́чка pen

и́ли or

ключ key

то́же also

что? what?

кни́га book

на on (can be the equivalent of "in")

на ру́сском языке́ in Russian [on Russian language]

до until, to

до свида́ния goodbye [to seeing]

до ско́рой встре́чи see you soon [to quick meeting)

вопро́с question

отве́т answer

стол table

стул chair

нет no

не Used to form negative sentences.

он he

она́ she

оно́ it

дома at home
вы you. Can be one or more persons, as in English.
ты you [thou]. It refers to one person only.
я говорю I speak
вы говорите you speak
по-русски in Russian
по-английски in English

EXERCISES

1. Write down the English equivalents of these words and check your answers against the Key.

1. водка	**6.** Ленин	**11.** порт
2. факт	**7.** Горбачёв	**12.** фильм
3. план	**8.** канал	**13.** багаж
4. профессор	**9.** студент	**14.** базар
5. класс	**10.** Большой Балет	

2. Name the items illustrated. Give a full sentence, complete with stress marks where appropriate. For example:

Что это?
You write: **Это книга.**

1. Что это?

2. Что это?

3. Что э́то?

4. Что э́то?

5. Что э́то?

3. *Give full answers to the questions which follow. For example, if the illustration is of a pen and we ask* **Э́то ру́чка?** *(Eta ruchka?) Is it a pen?, answer:*

Да, э́то ру́чка. Yes, it's a pen.

But if we ask **Э́то кни́га?** (*Eta kneega?*) Is it a book?, you should reply:
Нет, э́то не кни́га. Э́то ру́чка. No, it's not a book. It's a pen.

Remember to put in the stress marks!

1. Э́то Па́вел?
Eta Pavyel?

2. Э́то кни́га?
Eta kneega?

3. Э́то ру́чка?
Eta roochka?

4. Э́то Андре́й Ива́нович?
Eta Andrey Ivanavich?

5. Э́то стол?
Eta stol?

6. А э́то стол?
A eta stol?

7. Э́то Па́вел?
Eta Pavyel?

4. *Write out the following words in Russian and check them against the Key. Remember the stress marks.*

1. America
2. President
3. university
4. Coca Cola
5. baseball

6. vodka
7. doctor
8. student
9. Pepsi-Cola
10. California

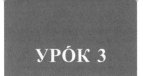
ЗНАКÓМСТВО
ZNAKOMSTVA

INTRODUCTIONS

Андрéй	**Здрáвствуйте. Я – Андрéй Ивáнович Смирнóв. А вы кто?**
	Zdrastvooyte. Ya – Andrey Eevanavich Smeernof. A vi kto?
	Hello. I ('m) Andrei Ivanovich Smirnov. And who (are) you?
Натáлья	**А меня зовýт Натáлья Петрóвна Ивáнова. Я рýсская. А вы рýсский?**
	A menya zavoot Natalya Pyetrovna Ivanova. Ya rooskaya. A vi rooskeey?
	And I'm [me they call] Natalya Petrovna Ivanova. I'm Russian. And are you Russian? [I Russian. And you Russian?]

Андрей	**Нет, я не рýсский. И не украи́нец, и не тата́рин.**
	Nyet, ya nye rooskeey. Ee nye ookraeenyets, ee nye tatareen.
	No, I'm not Russian. [No, I not Russian.] And not a Ukranian, and not aTatar.
Ната́лья	**Кто вы по национа́льности?**
	Kto vi pa natseeanalnastee?
	What nationality are you? [Who you by nationality?]
Андрей	**Я белорýс. Я роди́лся в Ми́нске. А вы откýда?**
	Ya byelaroos. Ya radeelsya v Meenskye. A vi atkooda?
	I'm a Belorussian. [I Belorussian.] I was born in Minsk. And where do you come from ? [And you from where?]
Ната́лья	**Я из Новосиби́рска. А сейча́с я живý здесь, в Москве́. Я рабóтаю в ба́нке. А где вы рабóтаете?**
	Ya iz Navaseebeerska. A seychas ya zheevoo zdyes v Maskvye. Ya rabotayoo v bankye. A gdye vi rabotayetye?
	I'm from Novosibirsk. [I from Novosibirsk.] But now I live here, in Moscow. I work in a bank. [I work in bank.] And where do you work? [And where you work?]
Андрей	**Я ? Я рабóтаю в университéте. Я преподаю́ рýсский язы́к.**
	Ya? Ya rabotayoo v ooneevyerseetyetye. Ya pryepadayoo rooskeey yazik.
	Me? [I?] I work at the university. [I work in university.] I teach Russian. [I teach Russian language.]
Ната́лья	**Зна́чит, я бухга́лтер, а вы преподава́тель ... А кто э́тот молодóй человéк?**
	Znacheet, ya boogaltyer, a vi pryepadavatyel ... A kto etat maladoy chyelavyek?
	So [It means], I'm an accountant and you're a teacher ... [I accountant and you teacher ...] And who is this young man? [And who this young man?]
Андрей	**Э́то Па́вел. Он мой нóвый студéнт. Он америка́нец. Он ýчит рýсский.**
	Eta Pavyel. On moy noviy stoodyent. On amyereekanyets. On oocheet rooskeey.
	This is Paul. He's my new student. [This Paul. He my new student.] He's American. [He American.] He's learning Russian.

Па́вел! Иди́те сюда́! ... Э́то Па́вел. Па́вел, э́то
Ната́лья Петро́вна. Она́ рабо́тает в ба́нке.
*Pavyel! Eedeetye syooda! ... Eta Pavyel. Pavyel, eta
Natalya Pyetrovna. Ana rabotayet f bankye.*
Paul! Come here! ... This is Paul. Paul, this is Natalya
Petrovna. [This Paul. Paul, this Natalya Petrovna.] She
works in a bank. [She works in bank.]

Па́вел   **О́чень прия́тно.**
Ochyen preeyatna.
Nice to meet you. [Very pleasant.]

Ната́лья   **Я о́чень ра́да познако́миться с ва́ми.**
Ya ochyen rada paznakomeetsya s vami.
I'm very happy to meet you. [I very happy to get
acquainted with you.]

GRAMMAR

NOUNS: MASCULINE, FEMININE AND NEUTER

Russian nouns are either masculine, feminine or neuter. You have
already come across some masculine and feminine nouns. The gender
of nouns is important, and adjectives which describe them must
"agree" with them. A masculine noun takes the masculine form of an
adjective, feminine the feminine form and so on. For example:

A Russian (male) student = **ру́сский студе́нт** (*rooskeey stoodyent*).
A Russian (female) student = **ру́сская студе́нтка** (*rooskaya
stoodyentka*).
A new (male) student = **но́вый студе́нт** (*noviy stoodyent*).
A new (female) student = **но́вая студе́нтка** (*novaya stoodyentka*).
A good (male) student = **хоро́ший студе́нт** (*harosheey stoodyent*).
A good (female) student = **хоро́шая студе́нтка** (*haroshaya
stoodyentka*).

MASCULINE NOUNS

All nouns ending in a consonant in the nominative singular case – the
form in which they appear in a dictionary – are masculine.
Here are some masculine nouns, some of which you have already
seen:

урóк	вопрóс	отвéт	стол
ooro	*vapros*	*atvyet*	*stol*
lesson	question	answer	table
багáж	дóллар	америкáнец	англичáнин
bagazh	*dollar*	*amyereekanyets*	*angleechaneen*
luggage	dollar	American	Englishman
дом	чемодáн	товáрищ	
dom	*chyemadan*	*tavareeshch*	
house, home	suitcase	comrade	

All nouns ending in **-й** in the nominative singular are masculine:

чай	бой	герóй
chai	*boy*	*gyeroy*
tea	battle	hero

Nouns ending in **-ь** are either masculine or feminine, never neuter.
Here are some masculine examples:

преподавáтель	словáрь	день	конь	зверь
pryepadavatyel	*slavar*	*dyen*	*kon*	*zvyer*
teacher	dictionary	day	horse	beast

FEMININE NOUNS

Most nouns ending in **-a** or **-я** are feminine:

водá	ýлица	шкóла	бáнка
vada	*ooleetsa*	*shkola*	*banka*
water	street	school	jar/can/tin
войнá	газéта	фáбрика	конферéнция
vaina	*gazyeta*	*fabreeka*	*kanfyeryentseeya*
war	newspaper	factory	conference
земля́	пéсня	рýчка	кни́га
zyemlya	*pyesnya*	*roochka*	*kneega*
earth/land	song	pen	book

The suffixes **-ка** and **-ница** denote the feminine form of some words:

студе́нтка	**америка́нка**	**англича́нка**
stoodyentka	*amyereekanka*	*angleechanka*
student (female)	American (female)	Englishwoman
иностра́нка	**украи́нка**	**преподава́тельница**
eenastranka	*ookraeenka*	*pryepadavatyelneetsa*
foreigner (female)	Ukranian (female)	teacher (female)

Most nouns ending in **-сть** are feminine:

гла́сность	**национа́льность**	**сто́имость**
glasnast	*natseeanalnast*	*stoeemast*
openness	nationality	cost

An important exception is the *masculine noun* **гость** (*gost*) guest.

Nouns ending in **-жь, -чь, -шь,** and **-щь** are feminine:

рожь	**ночь**	**пу́стошь**	**вещь**
rosh	*noch*	*poostash*	*vyeshch*
rye	night	waste ground	thing

NEUTER NOUNS

Nouns ending in **-e** are neuter:

упражне́ние	**мо́ре**	**по́ле**	**со́лнце**
ooprazhnyeneeye	*morye*	*polye*	*sontse* (л is not pronounced)
exercise	sea	field	sun

Almost all nouns ending in **-o** are neuter:

перо́	**письмо́**	**вино́**	**яйцо́**	**сло́во**	**де́ло**
pyero	*peesmo*	*veeno*	*yaytso*	*slova*	*dyela*
pen	letter	wine	egg	word	affair

A few neuter nouns end in **-мя** :

вре́мя	**и́мя**
vraymya	*eemya*
time	first name

NOUNS: CASES – THE NOMINATIVE

All the nouns given above are in the nominative singular form.
In English, nouns have only a singular and plural form:

question   questions
language   languages

In Russian, nouns have several singular and several plural forms.
These forms are called "cases." Here are some examples of the
nominative singular and nominative plural:

MASCULINE NOUNS

Nominative Singular

университе́т
ooneevyerseetyet
university

банк
bank
bank

язы́к
yazik
language

стол
stol
table

вопро́с
vapros
question

отве́т
atvyet
answer

Nominative Plural

университе́ты
ooneevyerseetyeti
universities

ба́нки
bankee
banks

язы́ки́
yazikee
languages

столы́
stali
tables

вопро́сы
vaprosi
questions

отве́ты
atvyeti
answers

Masculine nouns ending in a consonant add **-ы** in the plural. If the
last consonant is **к, г, х, ж, у, ш, щ**, they add **-и**.

FEMININE NOUNS

Nominative Singular	Nominative Plural
кни́га *kneega* book	**кни́ги** *kneegee* books
студе́нтка *stoodyentka* student	**студе́нтки** *stoodyentkee* students
америка́нка *amyereekanka* American	**америка́нки** *amyereekankee* Americans
газе́та *gazyeta* newspaper	**газе́ты** *gazyeti* newspapers
шко́ла *shkola* school	**шко́лы** *shkoli* schools
война́ *vayna* war	**во́йны** *voyni* wars

Feminine nouns ending in -**a** change the last letter to -**ы** in the plural. If the last consonant is **к, г, х, ж, у, ш, щ**, the ending is -**и**. Nouns in -**я** or -**ъ** change the last letter to -**и**.

NEUTER NOUNS

Nominative Singular	Nominative Plural
упражне́ние *ooprazhnyeneeye* exercise	**упражне́ния** *ooprazhnyeneeya* exercises
по́ле *polye* field	**поля́** *palya* fields
мо́ре *morye* sea	**моря́** *marya* seas
де́ло *dyelo* affair, business	**дела́** *dyela* affairs, business, things

окно́	о́кна
akno	*okna*
window	windows

сло́во	слова́
slova	*slava*
word	words

Neuter nouns ending in -**e** change the last letter to -**я**, and those ending in -**o** change it to -**a**.

As we go through the course we shall look at all the cases in detail.

AGREEMENT OF ADJECTIVES AND NOUNS

Russian adjectives have a masculine, a feminine and a neuter form. In Russian an adjective agrees with the noun which it qualifies. In the conversation above, Natalya said to Andrey "**Я ру́сская. А вы ру́сский?**"

Ру́сск- (roosk-) is the stem of the adjective. -**ая** (-aya) is a feminine ending, to agree with "Natalya." -**ий** (eey) is a masculine ending, to agree with "Andrey." There is also a neuter ending for **ру́сск: -ое** (-oye).

The following adjectives are all in the nominative singular form. Note that there are several different endings. Try to memorize the forms given in the table.

THE NOMINATIVE SINGULAR OF ADJECTIVES

English	Stem	Masculine	Feminine	Neuter
new	**нов-**	**но́вый**	**но́вая**	**но́вое**
	nov-	*noviy*	*novaya*	*novaye*
pleasant	**прия́т-**	**прия́тный**	**прия́тная**	**прия́тное**
	preeyat-	*preeyatniy*	*preeyatnaya*	*preeyatnaye*
Russian	**ру́сск-**	**ру́сский**	**ру́сская**	**ру́сское**
	roosk-	*rooskeey*	*rooskaya*	*rooskaye*
good	**хоро́ш-**	**хоро́ший**	**хоро́шая**	**хоро́шее**
	harosh-	*haroshiy*	*haroshaya*	*haroshyeye*
young	**молод-**	**молодо́й**	**молода́я**	**молодо́е**
	malad-	*maladoy*	*maladaya*	*maladoye*

Here are some examples of adjective plus noun in the nominative singular:

ADJECTIVE PLUS MASCULINE NOUN

1. **Он мой но́вый студе́нт.** He is my new student.
   On moy noviy stoodyent.

2. **Па́вел – о́чень прия́тный америка́нец.** Paul is a very pleasant American.
   Pavyel ochyen preeyatniy amyereekanyets.

3. **Я преподаю́ ру́сский язы́к.** I teach Russian. [Russian language]
   Ya pryepadayoo rooskeey yazik.

4. **Э́то но́вый ру́сский па́спорт?** Is this a new Russian passport?
   Eta noviy rooskeey paspart? [This new Russian passport?]

5. **Андре́й Ива́нович – хоро́ший преподава́тель.** Andrey Ivanvich is a good teacher.
   Andrey Eevanaveech harosheey pryepadavatyel.

6. **Кто э́тот молодо́й челове́к?** Who is this young man?
   Kto etat maladoy chyelavyek?

ADJECTIVE PLUS FEMININE NOUN

1. **Она́ моя́ но́вая студе́нтка.** She is my new student.
   Ana maya novaya stoodyentka.

2. **Она́ о́чень прия́тная америка́нка.** She is a very pleasant American.
   Ana ochyen preeyatnaya amyereekanka.

3. **У меня́ но́вая ру́сская кни́га.** I have [at me is] a new Russian book.
   Oo menya novaya rooskaya kneega.

4. **Э́то хоро́шая шко́ла.** It is a good school.
   Eta haroshaya shkola.

5. **Ната́лья Петро́вна не о́чень молода́я.** Natalya Petrovna is not very young.
   Natalya Pyetrovna nye ochen maladaya.

6. **Молода́я америка́нка – студе́нтка.** The young American is a student.
   Maladaya amyereekanka stoodyentka.

ADJECTIVE PLUS NEUTER NOUN

1. **Это но́вое упражне́ние.** It is a new exercise.
   Eta novaye ooprazhnyeneeye.

2. **У меня́ но́вое де́ло.** I have a new business. [At me new business.]
   Oo menya novaye dyela.

3. **Это о́чень неприя́тное вре́мя в Москве́.** It is a very unpleasant time in Moscow.
   Eta ochyen nyepreeyatnaye vryemya v Maskvye.

4. **Это о́чень прия́тное ме́сто.** It is a very pleasant place.
   Eta ochyen preeyatnaye myesta.

5. **Это ру́сское сло́во.** It is a Russian word.
   Eta rooskaye slova.

6. **Моё и́мя ру́сское.** My first name is Russian.
   Mayo eemya rooskaye.

THE POSSESSIVE PRONOUN: MY

The pronoun **мой** also changes its form to agree with the gender of the noun which it qualifies.

Masculine: **мой: мой оте́ц** (*moy atyets*) my father
Feminine: **моя́: моя́ мать** (*maya mat*) my mother
Neuter: **моё: моё перо́** (*mayo pyero*) my pen

PERSONAL PRONOUNS

You already know the Russian for "I" – **я** (*ya*) – "you/thou" – **ты** (*ti*) – "he" – **он** (*on*) – "she" – **она́** (*ana*) – and "you" – **вы** (*vi*).
The Russian for "we" is **мы** (*mi*), and for "they" is **они́** (*anee*). Here are some short sentences giving people's occupations:

Я врач. I am a doctor.
Ya vrach.

Ты студе́нт. You are a student.
Ti stoodyent.

Вы пило́т? Are you a pilot?
Vi peelot?

Он продаве́ц. He is a salesman.
On pradavyets.

Она́ бухга́лтер. She is an accountant.
Ana boogaltyer.

Мы врачи́. We are doctors.
Mi vrachee.

Вы пило́ты. You are pilots.
Vi peeloti

Они́ студе́нты. They are students. (Either all male, or mixed male and female)
Anee stoodyenti.

Они́ студе́нтки. They are students. (All female)
Anee stoodyentkee.

Note that you have learned two words for "doctor": **до́ктор** and **врач**. The word **врач** is used when talking about medical doctors as a profession: "I must see a doctor." The word **до́ктор** is used as a form of address, as in: "Doctor, I have a pain in my leg." It is also used, as in English, to indicate a high academic qualification.

PERSONAL PRONOUNS: NEUTER FORMS ОНО́ (ANO) IT, ОНИ́ (ANEE) THEY

In English, we usually refer to a place or an object using the neutral word "it." Russian is more specific: a single masculine object is referred to as **он** (*on*), a single feminine object as **она́** (*ana*), and a single neuter object as **оно́** (*ano*). Two or more objects – masculine, feminine, neuter, or a mixture of genders – are referred to as **они́** (*anee*). Here are some questions and answers which illustrate this: **где?** (*gdye?*) = Where?

1. **Где па́спорт? Он на столе́.** Where is the passport? It is on the table.
   Gdye paspart? On na stalye.

2. **Где кни́га? Она́ на столе́.** Where is the book? It is on the table.
   Gdye kneega? Ana na stalye.

3. **Где письмо́? Оно́ на столе́.** Where is the letter? It is on the table.
   Gdye peesmo? Ano na stalye.

4. **Где па́спорт, кни́га и письмо́? Они́ на столе́.** Where are the passport, book and pen? They are on the table.
   Gdye paspart, kneega ee peesmo? Anee na stalye.

NUMBERS 21–30

21 два́дцать оди́н *dvadtsat adeen*	**22 два́дцать два** *dvadtsat dva*	**23 два́дцать три** *dvadtsat tree*
24 два́дцать четы́ре *dvadtsat chyetirye*	**25 два́дцать пять** *dvadtsat pyat*	**26 два́дцать шесть** *dvadtsat shyest*
27 два́дцать семь *dvadtsat syem*	**28 два́дцать во́семь** *dvadtsat vosyem*	**29 два́дцать де́вять** *dvadtsat dyevat*
30 три́дцать *treedtsat*		

SOME USEFUL EXPRESSIONS

Я америка́нец. I'm American (male).
Ya amyereekanyets.

Я америка́нка. I'm American (female).
Ya amyereekanka.

Я живу́ в Вашингто́не. I live in Washington.
Ya zheevoo v Vasheengtonye.

Где вы живёте? Where do you live?
Gdye vi zheevyotye?

Где вы рабо́таете? Where do you work?
Gdye vi rabotayetye?

Я рабо́таю в Филаде́льфии. I work in Philadelphia.
Ya rabotayoo v Feeladyelfee-ee.

VOCABULARY

(m) = masculine, (f) = feminine, (n) = neuter
знако́мство (n) introductions
а and, but
кто? who?
меня́ зову́т my name is
ру́сский, -ая, -ое Russian
украи́нец (m) a Ukranian
украи́нка (f) a Ukranian
тата́рин (m) a Tatar
тата́рка (f) a Tatar

по on, by

национа́льность (f) nationality

кто вы по национа́льности? What is your nationality?

белору́с (m) a Belorussian

Я роди́лся в Ми́нске I was born in Minsk.

отку́да? where from? [from where?]

из from, out of

сейча́с now

Я живу́ в ... I live in...

здесь here

банк (m) bank

Я рабо́таю в ба́нке. I work in a bank.

где? where?

университе́т (m) university

Я преподаю́ I teach

язы́к (m) language, tongue

зна́чит it means, so

бухга́лтер (m or f) accountant

преподава́тель (m) teacher

преподава́тельница (f) teacher

он he

она́ she

оно́ it

мой, -я́, -ё my

но́вый, -ая , -ое new

он, она́ у́чит... he, she teaches

англи́йский -ая -ое English

францу́зский -ая -ое French

коне́чно of course

иди́те сюда́ come here

пожа́луйста please

он, она́ рабо́тает he, she works

о́чень very

прия́тно pleasant

рад (m), **ра́да** (f) pleased

познако́миться to meet , to get to know someone

с with

с ва́ми with you

чи́сла numbers

бага́ж (m) baggage

до́ллар (m) dollar

америка́нец (m) American

америка́нка (f) American

англича́нин Englishman

англичáнка Englishwoman
дом (m) house
чемодáн (m) suitcase
товáрищ (m or f) comrade
чай (m) tea
бой (m) battle
герóй (m) hero
словáрь (m) dictionary
день (m) day
гость (m) guest
водá (f) water
ýлица (f) street
шкóла (f) school
бáнка (f) jar, can, tin
войнá (f) war
газéта (f) newspaper
фáбрика (f) factory
пéсня (f) song
студéнтка (f) student (female)
иностáнка (f) foreigner (female)
преподавáтельница (f) teacher (female)
земля́ (f) earth, land
конферéнция (f) conference
глáсность (f) openness
стóимость (f) cost, value
вещь (f) thing
перó (n) pen
письмó (n) letter
сóлнце (n) sun
дéло (n) affair, work, business
винó (n) wine
яйцó (n) egg
слóво (n) word
врéмя (n) time
упражнéние (n) exercise
мóре (n) sea
пóле (n) field
и́мя (n) first name
мы we
они́ they
пилóт (m) pilot

хоро́ший -ая -ее good
молодо́й -ая -ое young

EXERCISES

1. Translation. Here are some more words which are similar to their English counterparts. Translate and transliterate them, then check your answers against the Key.

1. спорт	**2.** фильм	**3.** такси́	**4.** телефо́н
5. центр	**6.** автомоби́ль	**7.** футбо́л	**8.** царь
9. экску́рсия	**10.** теа́тр	**11.** а́йсберг	**12.** а́втор

2. Are you from … ? Reply to the following questions in the negative. For example:

Вы из Новосиби́рска? Are you from Novosibirsk?
Vi eez Navaseebeerska?

You reply:

Нет, я не из Новосиби́рска. No, I'm not from Novosibirsk.
Nyet, ya nye eez Navasibirska.

Note how the endings of the words change after **из**. **Минск – из Минска.**

1. Вы из Ло́ндона?

2. Он из Новосиби́рска?

3. Она́ из Москвы́?

4. Они́ из Аме́рики?

5. Вы из А́нглии?

6. Он из Берли́на?

7. Она́ из Сан-Франци́ско? (no change from the nominative).

8. Они́ из Нью-Йо́рка?

3. Are you a …? Give a positive reply to these questions. For example:

Он врач? Is he a doctor?
On vrach?

You reply:
Да, он врач. Yes, he's a doctor.
Da on vrach.

Note the changes in endings in the plural. **Он врач – они врачи́.**

1. Вы профе́ссор?

2. Он бухга́лтер?

3. Она́ студе́нтка?

4. Они́ врачи́?

5. Вы преподава́тель?

6. Он пило́т?

7. Она́ преподава́тельница?

8. Они́ пило́ты?

4. *Agreement of adjectives and nouns. Tick* **А** *(ah),* **Б** *(beh) or* **В** *(veh) as appropriate.*

большо́й big   **ма́ленький** small
balshoy   *malyenkeey*

1. Па́вел А: молодо́й Б: молода́я В: молодо́е

2. Ната́лья А: ру́сский Б: ру́сская В: ру́сское

3. кни́га А: но́вый Б: но́вая В: но́вое

4. стол А: большо́й Б: больша́я В: большо́е

5. село́ А: ма́ленький Б: ма́ленькая В: ма́ленькое

6. мо́ре А: большо́й Б: больша́я В: большо́е

7. чемода́н А: но́вый Б: но́вая В: но́вое

8. упражне́ние А: хоро́ший Б: хоро́шая В: хоро́шее

5. *Translate the following sentences into English.*

1. Я о́чень рад (ра́да) познако́миться с ва́ми.

2. Ната́лья Ива́новна рабо́тает в банк.

3. Па́вел живёт в Москве́, но он роди́лся в Сан-Франци́ско.

4. Андре́й Ива́нович не бухга́лтер. Он преподаёт в университе́те.

5. Он не из Москвы́, но он рабо́тает в Москве́.

6. Я рабо́таю в Аме́рике.

7. Андре́й не америка́нец и не ру́сский. Он белору́с.

8. Она́ ру́сская и́ли америка́нка?

9. Э́та кни́га на ру́сском и́ли на англи́йском языке́?

6. *True or false? Here are some statements based on the dialog. Check your answers against the Key.*

1. Ната́лья Петро́вна ру́сская.
   Natalya Pyetrovna rooskaya.

2. Андре́й Ива́нович ру́сский.
   Andrey Eevanavich rooskeey.

3. Па́вел студе́нт.
   Pavyel stoodyent.

4. Ната́лья Петро́вна рабо́тает в университе́те.
   Natalya Pyetrovna rabotayet v ooneevyerseetyetye.

5. Па́вел рабо́тает в ба́нке.
   Pavyel rabotayet f bankye.

6. Ната́лья Петро́вна бухга́лтер.
   Natalya Pyetrovna boogaltyer.

7. Андре́й Ива́нович преподава́тель.
   Andrey Eevanavich pryepadavatyel.

8. Он преподаёт ру́сский язы́к.
   On pryepadayot rooskeey yazik.

9. Па́вел у́чит англи́йский язы́к.
   Pavyel oocheet angleeyskeey yazik.

10. Вы у́чите ру́сский язы́к.
    Vi oocheetye rooskeey yazik.

НАТА́ЛЬЯ Е́ДЕТ В КОМАНДИРО́ВКУ
NATALYA YEDYET V KAMANDEEROFKOO
NATALYA GOES ON A BUSINESS TRIP

Andrei Ivanovich Smirnov tells you a little about himself and
Natalya Ivanovna, and Natalya has a conversation with Paul.

Андре́й	Как вы зна́ете, я белору́с. Я живу́ и рабо́таю в Москве́. Я о́чень люблю́ Москву́. Но я люблю́ и Минск, где живу́т мой оте́ц и моя́ мать.
	Kak vi znayete, ya byelaroos. Ya zheevoo ee rabotayoo v Maskvye. Ya ochyen lyooblyoo Maskvoo. No ya lyooblyoo Meensk, gdye zheevoot moy atyets ee maya mat.
	As you know, I am Belorussian. I live and work in Moscow. I like Moscow very much. [I very love Moscow.] But I like Minsk too [I like and Minsk], where my father and my mother live [where live my father and my mother].

Вы та́кже зна́ете, что Ната́лья Ива́новна из Новосиби́рска. Но сейча́с она́ живёт в Москве́. У неё своя́ отде́льная кварти́ра. Ей нра́вится жить в Москве́. Она́ рабо́тает в ба́нке. Она́ о́чень лю́бит свою́ рабо́ту.

Vi takzhye znayetye, shto Natalya Eevanavna iz Navaseebeerska. No seychas ana zheevyot v Maskvye. Y nyeyo svaya atdyelnaya kvarteera. Yey nraveetsya zheet v Maskvye. Ana rabotayet f bankye. Ana ochyen lyoobeet svayoo rabotoo.

You also know that Natalya Ivanovna (is) from Novosibirsk. But now she lives in Moscow. She has her own separate apartment. She likes to [To her it likes to] live in Moscow. She works in a bank. She likes her work very much. [She very loves ...]

Сего́дня она́ е́дет в командиро́вку в Санкт-Петербу́рг. Сейча́с она́ говори́т с Па́влом ...

Syevodnya ana yedyet v kamandeerofkoo v Sankt-Pyetyerboorg. Seychas ana gavareet s Pavlam ...

Today she is going on a business trip to St. Petersburg. Just now she is talking with Paul ...

Па́вел	Как вы е́дете в Санкт-Петербу́рг?
	Kak vi yedyetye v Sankt-Pyetyerboorg?
	How are you travelling to St. Petersburg?
Ната́лья	Я лечу́ туда́ на самолёте, а возвраща́юсь на по́езде.
	Ya lyechoo tooda na samalyotye, ah vazvrashchayoos na poyezdye.
	I am flying there by plane, [...to there on plane,] but I'm returning by train. [on train.]
Па́вел	У вас есть биле́т на самолёт?
	Oo vas yest beelyet na samalyot?
	Do you have a ticket for the plane? [At you is ticket onto plane?]
Ната́лья	Да. У меня́ есть биле́т на самолёт и обра́тный биле́т на по́езд.
	Da. Oo menya yest beelyet na samalyot, ee abratniy beelyet na poyezd.
	Yes. I have a plane ticket, and a ticket back on the train. [At me is ticket onto plane and return ticket onto train.]
Па́вел	Вы до́лго бу́дете в Санкт-Петербу́рге?
	Vi dolga boodyetye v Sankt-Pyetyerboorgye?

Will you be long in Saint Petersburg? [You long will be in …]

Ната́лья Я бу́ду там три дня. У меня́ там мно́го дел.
Ya boodoo tam tree dnya. Oo menya tam mnoga dyel.
I shall be there three days. I have a lot of things to do there. [At me there many works.]

Па́вел Вы ча́сто туда́ е́здите ?
Vi chasto tooda yezdeetye?
Do you often go there? [You often to there travel?]

Ната́лья Да, дово́льно ча́сто. Я там быва́ю три-четы́ре дня ка́ждый ме́сяц.
Da, davolna chasta. Ya tam bivayoo tree-chetirye dnya kazhdiy myesyats.
Yes, fairly often. I am there three to four days every month.

Па́вел Я о́чень хочу́ побыва́ть в Санкт-Петербу́рге.
Ya ochyen hachoo pabivat v Sankt-Pyetyerboorgye.
I want to visit St. Petersburg very much. [I very want to spend time in …]

Говоря́т, э́то о́чень интере́сный и краси́вый го́род.
They say that it's a very interesting and beautiful city. [Say it very interesting …]

Ната́лья Да, э́то пра́вда. Но у меня́ никогда́ нет вре́мени там гуля́ть.
Da, eta pravda. No oo menya neekagda nyet vryemyenee tam goolyat.
Yes, that's true. [Yes, that true.] But I never have time to walk and look around there. [But at me never not time there to stroll about.]

Па́вел А почему́?
A pachyemoo?
But why?

Ната́лья Потому́ что у меня́ мно́го рабо́ты.
Patamoo shto oo menya mnoga raboti.
Because I have a lot of work.

Па́вел Когда́ улета́ет ваш самолёт?
Kagda oolyetayet vash samalyot?
When does your plane leave? [When away flies your plane?]

Ната́лья	Че́рез четы́ре часа́. Из аэропо́рта Шереме́тьево-1.
	Chyeryez chyetirye chasa. Iz aeraporta Shyeryemyetyeva-adin.
	In four hours. From Sheryemyetyevo 1 Airport.
Па́вел	И как вы туда́ е́дете?
	Ee kak vi tooda yedyetye?
	And how are you getting there?
Ната́лья	Обы́чно я иду́ к авто́бусной остано́вке и е́ду в аэропо́рт на авто́бусе. Но сего́дня я е́ду на такси́.
	Abichna ya eedoo k aftobusnay astanovkye ee yedoo v aeraport na aftobusye. No syevodnya ya yedoo na taksee.
	Usually I walk to the bus stop and go to the airport by bus [on bus]. But today I am going by taxi. [on taxi.]
Па́вел	Я пое́ду с ва́ми, е́сли хоти́те. Я хочу́ помо́чь вам нести́ ва́ши чемода́ны.
	Ya payedoo s vami, yeslee hateetye. Ya hachoo pamoch vam nyestee vashee chyemadani.
	I will go with you, if you like. I want to help you to carry your suitcases.
Ната́лья	Большо́е спаси́бо, но у меня́ то́лько оди́н чемода́нчик, и он не тяжёлый. Он о́чень лёгкий. Но проводи́ть меня́ за компа́нию – пожа́луйста.
	Balshoye spaseeba, no oo menya tolka adeen chyemadancheek, ee on nye tyazhyoliy. On ochyen lyohkeey. No pravadeet menya za kampaneeyoo – pazhalsta.
	Thanks a lot [Big thank you], but I have only one little suitcase, and it is not heavy. It is very light. But please come with me for the company.
Па́вел	Да. С удово́льствием.
	Da. S oodavolstveeyem.
	Yes. With pleasure.

CAPITAL LETTERS IN RUSSIAN

As you have seen, the use of capital letters in Russian is not always the same as in English. Compare the Russian and English use of capitals in the two sentences which follow:

А я Андре́й Ива́нович Смирно́в.
And I am Andrey Ivanovich Smirnov.

Я белорус, но я живу́ в Москве́.

I am a Belorussian, but I live in Moscow.

Although in English "I" is always a capital letter, **я** is only capitalized **Я** at the beginning of a sentence.

In English a nationality starts with a capital letter, but not in Russian (Belorussian, **белору́с**). Names, as in English, start with a capital: **Андре́й, Москва́.**

GRAMMAR

THE INFINITIVE OF VERBS:

The infinitive (the "to ..." form: "to work," "to live," etc.) of most Russian verbs ends in **-ть**. For example:

рабо́тать (*rabotat*) to work, **жить** (*zheet*) to live,
люби́ть (*lyoobeet*) to love/to like, **говори́ть** (*gavareet*) to speak

Note that the "t" in **ть** is made soft by the soft sign which follows it, and is pronounced as the "t" in "hat."
Some verbs do not end in **-ть**, for example, **идти́** (*eetee*), "to go" (on foot). We shall shortly be looking at these verbs.

THE PRESENT TENSE

Just as the verb changes according to the subject in English (e.g. "I go" but "he goes"), the verb changes in Russian too. Here is the present tense of the verbs to work, to live, to love/like and to speak. Note the different endings.

рабо́тать	**жить**	**люби́ть**	**говори́ть**
rabotat	*zheet*	*lyoobeet*	*gavareet*
to work	to live	to love/like	to speak

Most Russian verbs end in **-ю** in the first person singular: **я люблю́.** Sometimes the ending is **-у** : **я живу́, я иду́,** but the first person singular (**я ...**) *always* ends in **-ю** after a vowel: **я рабо́таю.**

я	рабо́таю	живу́	люблю́	говорю́
ya	rabotayoo	zheevoo	lyooblyoo	gavaryoo
I	work	live	love/like	speak

The second person singular endings are **-ешь, -ёшь** or **-ишь**:

ты	рабо́таешь	живёшь	лю́бишь	говори́шь
ti	rabotayesh	zheevyosh	lyoobeesh	gavareesh
you	work	live	love/like	speak

The third person singular ending is **-ет, -ёт** or **-ит**:

он				
on				
he				
она́	рабо́тает	живёт	лю́бит	говори́т
ana	rabotayet	zheevyot	lyoobeet	gavareet
she	works	lives	loves/likes	speaks
оно́				
ano				
it				

The first person plural endings are **-ем, -ём** or **-им**:

мы	рабо́таем	живём	лю́бим	говори́м
mi	rabotayem	zheevyom	lyoobeem	gavareem
we	work	live	love/like	speak

The second person plural endings are **-ете, -ёте** or **-ите**:

вы	рабо́таете	живёте	лю́бите	говори́те
vi	rabotayetye	zheevyotye	lyoobeetye	gavareetye
you	work	live	love/like	speak

The third person plural endings are **-ют, -ут** or **-ят**:

они́	рабо́тают	живу́т	лю́бят	говоря́т
onee	rabotayoot	zheevoot	lyoobyat	gavaryat
they	work	live	love/like	speak

The present tense in Russian is the same as the English present tense (I work) and present continuous (I am working). Like English, it can also have a future meaning:

Зáвтра я рабóтаю в библиотéке. Tomorrow I am working (will work) in the library.
Zavtra ya rabotayoo v beebleeatyekye.

Here are some examples:

present	**Я рабóтаю в Москвé.**
	Ya rabotayoo v Maskvye.
	I work in Moscow.
present continuous	**Сейчáс он живёт в Мúнске.**
	Seychas on zheevyot v Meenskye.
	He is currently living in Minsk.
future meaning	**Зáвтра онá éдет в Москвý.**
	Zaftra ana yedyet v Maskvoo.
	Tomorrow she is going to Moscow.

VERBS OF MOTION

Russian has two distinct verbs for the English "to go" – to go *on foot* and to go *by transport*.

In the dialog, Paul asks Natalya how she is going to the airport:
И как вы тудá éдете?

She replies that she usually goes on foot (**я идý**) to the bus stop, but that today she is going (**я éду**) by taxi. These are two different verbs. **я идý** means "I am going on foot." **я éду** means "I am going" by using some form of transport.

TO GO ON FOOT

идтú   To be going on foot:
eetee

> **Я идý.** I'm going.
> *Ya eedoo.*
> To be going on foot to some specified place:
> **Я идý домóй.** I'm going home.
> *Ya eedoo damoy.*

It can also have a future meaning:

> **Я идý домóй чéрез час.** I am going home in an hour.
> *Ya eedoo damoy chyeryez chas.*

ходи́ть	To go on foot frequently or habitually.
hadeet	

> **Я ча́сто хожу́ в теа́тр.** I often go to the theatre.
> *Ya chasta hazhoo v tyeatr.*

TO GO BY TRANSPORT

éхать	To be going by transport:
yehat	

> **Я éду.** I'm going. (*Not* on foot)
> *Ya yedoo.*

To be going to a specified place:

> **Я éду домо́й.** I am going home. (*Not* on foot)
> *Ya yedoo damoy.*

It can also have a future meaning:

> **Я éду домо́й че́рез час.** I'm going home in an hour. (*Not* on foot)
> *Ya yedoo damoy chyeryez chas.*

éздить	To go frequently or habitually by some means of transport:
yezdeet	

> **Он ча́сто éздит в Москву́.** He often goes (travels) to Moscow.
> *On chasta yezdeet v Maskvoo.*

TO FLY

лете́ть	To be flying, to be flying to a specified place:
lyetyet	

> **Она́ лети́т в Минск.** She is flying to Minsk.
> *Ana lyeteet v Meensk.*
> It can also have a future meaning:
> **Он лети́т в Москву́ че́рез час.** He is flying to Moscow in an hour.
> *On lyeteet v Maskvoo chyeryez chas.*

лета́ть	To fly frequently or habitually:
lyetat	

> **Она́ ча́сто лета́ет в Москву́.** She often flies to Moscow.
> *Ana chasta lyetayet v Maskvoo.*

THE PRESENT TENSE OF VERBS OF MOTION

These are much-used verbs. It is worthwhile learning them.

ИДТИ́ to go (once)	**ÉХАТЬ** to go (once)	**ЛЕТЕ́ТЬ** to fly (once)
eetee	*yehat*	*lyetyet*
я	иду́	éду	лечу́
	eedoo	*yedoo*	*lyechoo*
ты	идёшь	éдешь	лети́шь
	eedyosh	*yedyesh*	*lyeteesh*
он			
она́	идёт	éдет	лети́т
оно́	*eedyot*	*yedyet*	*lyeteet*
мы	идём	éдем	лети́м
	eedyom	*yedyem*	*lyeteem*
вы	идёте	éдете	лети́те
	eedyotye	*yedyetye*	*lyeteetye*
они́	иду́т	éдут	летя́т
	eedoot	*yedoot*	*lyetyat*

ХОДИ́ТЬ to go (habitually)	**É́ЗДИТЬ** to go (hab.)	**ЛЕТА́ТЬ** to fly
hadeet	*yezdeet*	*lyetat* (hab.)
я	хожу́	éзжу	лета́ю
	hazhoo	*yezhoo*	*lyetayoo*
ты	хо́дишь	éздишь	лета́ешь
	hodeesh	*yezdeesh*	*lyetayesh*
он			
она́	хо́дит	éздит	лета́ет
оно́	*hodeet*	*yezdeet*	*lyetayet*
мы	хо́дим	éздим	лета́ем
	hodeem	*yezdeem*	*lyetayem*
вы	хо́дите	éздите	лета́ете
	hodeetye	*yezdeetye*	*lyetayete*
они	хо́дят	éздят	лета́ют
	hodyat	*yezdyat*	*lyetayoot*

PREPOSITIONS

Here are some common Russian prepositions. Each can have several meanings in English, depending on the context in which they are used. Some of the most common meanings are given below, with examples. Note that the form of the noun following a preposition changes from the nominative case – the case in which it is given in a dictionary. These changes are explained in the next section.

ДО to, up to, as far as, until, before:

До Москвы 30 киломе́тров. It is 30 kilometres to Moscow.
Da Maskvi treetsat kilamyetraf.
До за́втра! See you tomorrow! [Until tomorrow]
Da zaftra! (**за́втра** = tomorrow)
До свида́ния! Goodbye. [Until meeting] (**свида́ние** = meeting)
Da sveedaneeya!

НА on, onto, in, to, by, for, during:

на у́лице on the street, outside (**у́лица** = street)
na ooleetseh (not "...*tsye*")
на по́езде on the train, by train (**по́езд** = train)
na poyezdye
биле́т на по́езд a train ticket [ticket onto train]
beelyet na poyezd
Они́ живу́т на Кавка́зе. They live in [on] the Caucasus.
Anee zheevoot na Kavkazye. (**Кавка́з** = Caucasus)
по́езд на Кавка́з a train to the Caucasus
на неде́лю for a week (**неде́ля** = week)
na nyedyelyoo

У at, (can indicate possession), by :

у окна́ at/by the window (**окно́** = window)
oo akna
она́ у Ива́на she's at Ivan's
ana oo Eevana
у меня́ биле́т на самолёт I have a plane ticket
oo menya beelyet na samalyot [ticket onto plane]

ПО along, by, on, in, in a language

идти́ по у́лице to walk along/down the street
eedtee pa ooleetseh
по телефо́ну by phone (**телефо́н** = telephone)
pa tyelyefonoo
кни́га по матема́тике a book on math (**матема́тика** = math)
kneega pa matyemateekye
по-америка́нски in the American way [in American]
pa amyereekanskee
она́ говори́т по-англи́йски she speaks English
ana gavareet pa angleeyskee

В in, to, at,

в Москве́ in Moscow
v Maskvye
в Москву́ to Moscow
v Maskvoo
в 2 часа́ at 2 o'clock [at two hours] (**час** = hour)
v dva chasa

С from, and/with (sometimes **со** before a consonant: **со мно́й** with me).

с мо́ря from the sea (**мо́ре** = sea)
s morya
с утра́ до но́чи from morning to night (**у́тро** = morning)
s ootra da nochee (**ночь** = night)
два с полови́ной two and a half (**полови́на** = half)
dva s palaveenay
иди́те со мно́й go with me (**меня́** = **я** = I/me)
eedeetye sa mnoy

ИЗ from, out of, of

они́ из Ми́нска they are from Minsk
anee eez Meenska
из уваже́ния out of respect (**уваже́ние** = respect)
буке́т из роз bouquet of roses (**ро́за** a rose)

К to, towards, by, for,

е́хать к бра́ту to go to see one's brother [to go to brother]
(**брат** = brother)
yehat k bratoo
к утру́ towards/by morning (**у́тро** = morning)
k ootroo
к ве́черу towards/by evening　　　(**ве́чер** = evening)
k vyecheroo
ходи́ть от до́ма к до́му to go from house to house
hadeet at doma k domoo

О about, on,

кни́га о матема́тике a book about math
kneega a matyemateekye
о чём вы говори́те? what are you talking about? [about what
you talking] (**чём** = **что?** = what?)
a chyom vi gavareetye?

THE SIX CASES OF NOUNS IN THE SINGULAR

When nouns follow prepositions they change their endings from the nominative form and are declined or put into cases. There are six of these cases in both the singular and the plural. In Russian the final form or case of the noun can "include" the function of some prepositions. A good example of this is:

Я иду́ домо́й. I am going home (on foot). [I am going to home]
Ya eedoo damoy.

The nominative form of "house/home" is **дом**. The **домо́й** form includes the concept of "to": to home. There are many examples of such constructions, where the preposition is included in the noun, in this course.

Here are some examples of the singular forms of nouns in the six cases:

NOMINATIVE

masculine	feminine	neuter
стол table	**Москва́** Moscow	**мо́ре** sea
stol	*Maskva*	*morye*

The nominative is mainly used for the subject of a sentence:

Стол большо́й. The table is big.
Stol balshoy.

Москва́ – большо́й го́род. Moscow is a big city.
Maskva balshoy gorat.

The nominative is used for a *predicative noun*:

Ната́лья бухга́лтер. Natalya is an accountant.
Natalya boogaltyer.

Андре́й преподава́тель. Andrei is a teacher.
Andrei pryepadavatyel.

The nominative is also used in forms of address:

Па́вел! Иди́те сюда́! Paul! Come here!
Pavyel! Eedeetye syooda!

ACCUSATIVE

masculine	feminine	neuter
стол	Москву́	мо́ре
stol	*Maskvoo*	*morye*

Without a preposition, the accusative is used for the *direct object* of an action or feeling:

Я не о́чень люблю́ Москву́. I don't like Moscow very much. [I not very love...]
Ya nye ochyen lyooblyoo Maskvoo.

Я о́чень люблю́ Минск. I like Minsk a lot. [I very like ...]
Ya ochyen lyooblyoo Minsk.

Where **в** and **на** are used to indicate motion, nouns also take the accusative:

Сего́дня она́ е́дет в Москву́. Today she is going to Moscow.
Syevodnya ana yedyet v Maskvoo.

Андре́й е́дет в Минск. Andrey is going to Minsk.
Andrey yedet v Meensk.

Они́ е́дут на́ море. They are going to the sea/coast. [They are going onto...]
Anee yedoot na morye.

(Note that the stress is on "**на́.**" This alteration to the stress occurs in many set expressions in Russian.)

GENITIVE

masculine	feminine	neuter
стола́	Москвы́	мо́ря
stala	*Maskvi*	*morya*

The genitive without a preposition indicates "of":

чемода́н Ива́на Ivan's suitcase [suitcase of Ivan] (nominative **Иван**)
chyemadan Eevana

це́нтр Москвы́ The centre of Moscow
tsyentr Maskvi

The genitive is used after **из, до, у, с:**

Я из Новосибирска. I'm from Novosibirsk. (nom. **Новосибирск**)
Ya eez Navaseebeerska.

до свидания goodbye [to meeting] (nom. **свидание**)
da sveedaneeya

у меня I have [at me (is)] (nom. **я**)
oo menya

У Ивана есть чемодан. Ivan has a suitcase. [at Ivan is suitcase]
oo Eevana yest chyemadan.

у Ивана can also mean " at Ivan's place": **Она у Ивана.** She's at
Ivan's.

Он идёт с работы. He is coming from work. (nom. **работа**)
on eedyot s raboti

DATIVE

masculine	feminine	neuter
столу	**Москве**	**морю**
staloo	*Maskvye*	*moryoo*

The dative conveys the idea of "to" in the sense of giving, sending or
saying something to someone.

Here are some examples of the dative without a preposition:

Я хочу помочь вам. I want to help you. [help to you] (nominative
вы).
ya hachoo pamoch vam.

Помогите мне, пожалуйста. Help me, please. [help to me]
(nominative **я**)
pamageetye mnye, pazhalsta.

Мне холодно I am cold. [to me cold]
mnye holadna

Here are some examples of the dative case with the prepositions **к**
and **по:**

Он говорит по телефону he is talking on the phone
on gavareet pa tyelyefonoo

Она идёт по улице she is walking along the street
ana eedyot pa ooleetse

Я еду к врачу I am going to the doctor
ya yedoo k vrachoo

INSTRUMENTAL

masculine	feminine	neuter
столóм	**Москвóй**	**мóрем**
stalom	*Maskvoy*	*moryem*

Without a preposition, the instrumental is used for the instrument by or with which something is done. In the conversation, Natalya said:

Я лечý тудá на самолёте, I am going there by plane [flying there],
Ya lyechoo tooda na samalyote,

а возвращáюсь на пóезде. but I'm returning by train.
a vazvrashchayoos na poyezdye.

She could have said:

Я лечý тудá самолётом, I am going there by plane, (nom **самолёт**)
Ya lyechoo tooda samalyotam,

а возвращáюсь пóездом. but I'm returning by train. (nom **пóезд**)
a vazvrashchayoos poyezdam.

самолётом = by plane

пóездом = by train

Here are some examples of the instrumental with **с**:

с удовóльствием with pleasure (Nominative **удовóльствие**)
s oodavolstveeyem

Натáлья говорúт с Пáвлом. Natalya is speaking with Paul.
Natalya gavareet s Pavlam.

Я поéду с вáми. I will go with you. (nominative **вы**).
Ya payedoo s vamee

PREPOSITIONAL

masculine	feminine	neuter
столé	**Москвé**	**мóре**
stalye	*Maskvye*	*morye*

This case is always preceeded by a preposition.

When **в** and **на** are used to indicate *being in* a place – as opposed to *going to* a place – they are followed by the prepositional:

Она́ на рабо́те. She's at work. (nom **рабо́та**)
Ana na rabotye.

Он в ба́нке. He's in the bank. (nom **банк**)
On f bankye.

Кни́га на столе́. The book is on the table. (nom **стол**)
Kneega na stalye.

Профе́ссор в университе́те. The professor is at the university.
Prafyessar v ooneevyerseetyetye. (nom **университе́т**)

The preposition **о** means "about":

Они́ говоря́т о командиро́вке. They are talking about the business trip.
Anee gavaryat o kamandeerofkye. (nom **командиро́вка**)

NUMBERS 31–40

31 три́дцать оди́н *treedtsat adin*	32 три́дцать два *treedtsat dva*	33 три́дцать три *treedtsat tree*
34 три́дцать четы́ре *treedtsat chyetirye*	35 три́дцать пять *treedtsat pyat*	36 три́дцать шесть *treedtsat shyest*
37 три́дцать семь *treedtsat syem*	38 три́дцать во́семь *treedtsat vosyem*	39 три́дцать де́вять *treedtsat dyevyat*
40 со́рок *sorak*		

SOME USEFUL EXPRESSIONS

Как вы пожива́ете? How are you? How are you getting on?
Kak vi pazheevayetye?
Норма́льно. Alright, okay. [Normal.]
Narmalno.
Всё в поря́дке. Everything's in order/fine.
Fsyo v paryadkye.
Как ва́ша жена́? How is your wife?
Kak vasha zhyena?
Как ваш муж? How is your husband?
Kak vash moozh?

VOCABULARY

The infinitive of verbs and the nominative singular of nouns, pronouns and adjectives are given in brackets where necessary.

éхать to go, be going

в командировку (командировка (f)) on a business trip

как as, how, like, how is/are

вы знáете (знать) you know

óчень very

любить to love/like

где? where?

жить to live

отéц father

мать mother

тáкже also

что that

но but

у неё she has / at her place [at her]

свой, своя, своё reflexive pronoun meaning "one's own" This is explained later.

отдéльный, -ая, -ое separate, individual

квартира (f) apartment

ей (онá) to her

ей нрáвится (нрáвиться) she likes [to her it pleases]

рабóта (f) work

сегóдня today

говорить to speak, be speaking

с with

летéть to fly, be flying (now/to a specific place)

тудá there [to there]

самолётом (самолёт (m)) by plane

я возвращáюсь (возвращáться) I am returning

пóездом (пóезд (m)) by train

у меня есть I have [at me is]

билéт (m) ticket

билéт на самолёт a plane ticket [ticket onto plane]

обрáтный, -ая, -ое back, return

дóлго long (time)

вы бýдете (быть) you will be

бýду (быть) I will be (Note that in Russian **я** is often omitted)

там there

три дня (день (m)) three days

мнóго a lot, many

мнóго дел (дéло) a lot of things/affairs/work

ча́сто often

е́здить to go (frequently/habitually by transport)

дово́льно enough, sufficiently, rather

я быва́ю I am (somewhere) I spend some time in...

быва́ть to be in/to visit/to go

побыва́ть to be in, to spend some time in, to visit

три дня (день (m)**)** three days

ка́ждый, -ая, -ое every, each

ме́сяц (m) month

мне хо́чется I want [to me it wants]

говори́ть to say

интере́сный, -ая, -ое interesting

краси́вый, -ая, -ое beautiful

го́род (m) town, city

пра́вда (f) truth, it is true

никогда́ never

нет вре́мени (вре́мя(n)**)** there is no time [not of time]

гуля́ть This is a versatile verb with a lot of idiomatic meanings, such as: to walk, to enjoy oneself, to go out, to fool about, to do nothing, to be unfaithful to one's husband or wife ...

почему́? why?

потому́ что... because...

когда́? when?

он, она́, оно́ улета́ет (улета́ть) he, she, it flies away/is flying away

че́рез in, after

че́рез четы́ре часа́ (час (m)**)** in four hours

из аэропо́рта (аэропо́рт (m)**)** from/out of the airport

обы́чно usually

идти́ to go, be going

к to, towards, up to

авто́бусная остано́вка (f) bus stop

на авто́бусе (авто́бус (m)**)** by bus, on a bus

я пое́ду (пое́хать) I will go

я хочу́ (хоте́ть) I want

помо́чь to help

нести́ to carry

чемода́нчик (m) little suitcase (a diminutive form of **чемода́н**)

то́лько only

тяжёлый, -ая, -ое heavy

лёгкий, -ая, ое light

проводи́ть to accompany/see off

за компа́нию (компа́ния (f)**)** for the company

с удово́льствием (удово́льствие (n)**)** with pleasure

EXERCISES

1. In the sentences which follow, the words given in brackets are in the nominative. Put them into the correct case, where necessary, and write out the full sentence, complete with stress marks. For example:

Па́вел е́дет в (Аме́рика). Па́вел е́дет в Аме́рику.

1. Ива́н е́дет в (командиро́вка).

2. Андре́й живёт в (Москва́).

3. Ната́лья рабо́тает в (банк).

4. У неё есть биле́т на (самолёт).

5. У (Ива́н) есть чемода́н.

6. Ната́лья лю́бит (своя́ рабо́та).

7. Сейча́с он на (рабо́та) в (университе́т).

8. Они́ е́дут от (Москва́) до (Минск).

9. Па́вел идёт по (у́лица).

10. У (я) биле́т на (по́езд).

11. Они́ лета́ют на (Кавка́з) (самолёт).

12. Андре́й говори́т с (Ива́н) по (телефо́н).

13. Мы из (Минск), а живём в (Москва́).

14. Э́то хоро́шая кни́га о (матема́тика).

15. Па́вел о́чень лю́бит (Москва́), а я о́чень люблю́ (Нью-Йо́рк).

2. Agreement of subject and verb. Put the infinitive of the verb into its correct form, and write out the completed sentence.

1. Я (идти́) домо́й.

2. Ната́лья (е́хать) в Москву́ по́ездом.

3. Мы (лете́ть) в Вашингто́н че́рез час.

4. Вы ча́сто (лета́ть) в Ми́нск?

5. Андре́й - профе́ссор. Он (рабо́тать) в университе́те.

6. Я не (люби́ть) Москву́.

7. Ната́лья (люби́ть) говори́ть с Ива́ном.

8. Па́вел (идти́) домо́й.

9. Мы ча́сто (ходи́ть) в теа́тр.

10. Оте́ц и мать Ива́на (жить) в Новосиби́рске.

3. Translate the following sentences into English.

1. Я америка́нка.

2. Я живу́ в кварти́ре в Нью-Йо́рке.

3. Мой оте́ц и моя́ мать не живу́т в Нью-Йо́рке.

4. Они́ живу́т и рабо́тают в Калифо́рнии.

5. Мой оте́ц – бухга́лтер, а мать – врач.

6. Я рабо́таю в о́фисе.

7. Я о́чень люблю́ свою́ рабо́ту.

8. Обы́чно я е́ду в аэропо́рт на авто́бусе, но сего́дня я е́ду туда́ на такси́.

9. Моя́ рабо́та тяжёлая, но о́чень интере́сная.

10. Сейча́с я е́ду домо́й с рабо́ты.

4. Translate the following sentences into Russian with stress marks.

1. My mother and my father live in Moscow.

2. How is your mother?

3. I do not like St. Petersburg.

4. The big suitcase is heavy.

5. The little suitcase is light.

6. I am in Moscow three to four days a month.

7. Natalya is at Ivan's.

8. We are flying to Moscow in three hours.

5. *True or false?*

1. Андрей Ива́нович Смирно́в живёт и рабо́тает в Ми́нске.

2. Оте́ц и мать Андре́я Ива́новича живу́т в Белору́ссии.

3. Ната́лья Ива́новна из Новосиби́рска.

4. Сего́дня Па́вел е́дет в командиро́вку в Санкт-Петербу́рг.

5. Ната́лья не лю́бит свою́ рабо́ту в ба́нке.

6. Ната́лья лети́т в Санкт-Петербу́рг на самолёте.

7. У неё тяжёлый чемода́н.

8. Она́ улета́ет из аэропо́рта Шереме́тьево-2.

9. Она́ е́дет в аэропо́рт на авто́бусе.

10. Она́ е́дет в аэропо́рт с Па́влом.

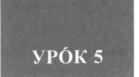

УРÓК 5

ВСТРÉЧА
FSTRYECHYA
A MEETING

NOTE ON TRANSLITERATION

From this lesson on you will notice a minor change in the transliteration: we are now indicating where words run together naturally in spoken Russian. This is particularly the case with prepositions and the nouns which follow them, for example: **в Санкт-Петербýрге** = *fSankt-Pyetyerboorgye*; **в концé концóв** = *fkantse kantsof*.

"Natasha" is an affectionate diminutive form of "Natalya."

Сегóдня Натáша в Санкт-Петербýрге. Сейчáс онá в гостíнице. Онá пытáется позвонíть своемý коллéге Волóде. Но э́то не легкó. Э́то прóсто трýдно. Иногдá нóмер зáнят, а иногдá никтó не отвечáет. Э́то óчень досáдно! Но в концé концóв ей удаётся дозвонíться и поговорíть с ним...

Sevodnya Natasha fSankt-Pyetyerboorgye. Seychas ana
vgasteeneetse. Ana pitayetsya pazvaneet svayemoo kalyegye
Valodye. No eta nye lyehko. Eta prosta troodna. Inagda nomyer
zanyat, a inagda nikto nye atvyechayet. Eta ochyen dasadna! No
fkantse kantsof yey oodayotsya dazvaneetsya ee pagavarit snim...
Today Natasha is in St. Petersburg. Right now she is in the hotel. She
is trying to phone her colleague, Volodya. But it is not easy. It is very
difficult [simply difficult]. Sometimes the number is busy, and
sometimes nobody replies. It is very frustrating! But finally she
manages to get through [to her it succeeds] to speak with him...

Влади́мир Слу́шаю вас.
Slooshayoo vas.
Hello. [I hear you.]

Ната́ша Воло́дя? Здра́вствуйте. Э́то Ната́ша.
Valodya? Zdrastvooytye. Eta Natasha.
Volodya? Hello. This is Natasha.

Влади́мир До́брый день, Ната́ша. Вы отку́да?
Dobriy dyen, Natasha. Vi atkooda?
Hello [good day], Natasha. Where are you ringing
from? [You from where?]

Ната́ша Я здесь, в гости́нице "Нева́." Я уже́ це́лый час звоню́
вам.
Ya zdyes, vgasteeneetse "Nyeva." Ya oozhye tsyeliy
chas zvanyoo vam.
I am here, in the Nyeva hotel. I've been ringing you for
an hour. [I already whole hour ring you.]

Влади́мир Я был о́чень за́нят. Ма́йк звони́л мне из Аме́рики.
Мы говори́ли о́чень до́лго.
Ya bil ochyen zanyat. Mayk zvaneel mnye
eezAmyereekee. Mi gavareelee ochyen dolga.
I was very busy. Mike was phoning me [to me] from
America. We talked a very long time. [very long]

Ната́ша Когда́ мы мо́жем встре́титься? У меня́ к вам мно́го
вопро́сов.
Kagda mi mozhyem fstryeteetsya? Oo menya kvam
mnoga vaprosaf.
When can we meet? I have a lot of questions for you.
[..to you many questions.]

Влади́мир	Кото́рый час сейча́с *Katoriy chas seychas?* What time is it now?
Ната́ша	Сейча́с де́сять часо́в. *Seychas dyesyat chasof.* It's ten.
Влади́мир	Вы мо́жете прие́хать сейча́с? *Vi mozhyetye preeyehat seychas?* Can you come now?
Ната́ша	К сожале́нию, сейча́с не могу́. У меня́ ещё одна́ встре́ча сего́дня, в оди́ннадцать часо́в. *K sazhalyeneeyoo, seychas nye magoo. Oo menya* *yeshcho adna fstryecha syevodnya, vadinatsats chasof.* Unfortunately, I can't at the moment. I have another meeting today at 11 o'clock.
Влади́мир	Мо́жет быть, пообе́даем вме́сте в час дня? *Mozhyet bit, pa-abedayem vmyestye fchas dnya?* Perhaps (we) can [shall] have lunch together at one o'clock?
Ната́ша	Извини́те, но я уже́ договори́лась пообе́дать с колле́гами, с кото́рыми я встреча́юсь в оди́ннадцать. Мо́жет быть, встре́тимся в три? *Eezveeneetye, no ya oozhye dagavareelas pa-abedat* *skalyegamee, skatorimee ya fstryechayoos vadinatsats.* *Mozhyet bit, vstryeteemsya ftri?* I am sorry, but I already agreed to have lunch with the colleagues with whom I am meeting at eleven. Perhaps we could meet at three?
Влади́мир	В три не могу́. А е́сли в полпя́того? Вам удо́бно? *Ftree nye magoo. A yeslee fpolpyatava? Vam oodobna?* At three I can't. And what about half past four? [half of five] Does that suit you [To you convenient]?
Ната́ша	Замеча́тельно! *Zamyechatyelna!* Great!

Влади́мир	Договори́лись! Я бу́ду ждать вас в четы́ре три́дцать у себя́ в кабине́те.
	Dagavareelees! Ya boodoo zhdat vas fchyetirye treedtsat oo syebya fkabeenyetye.
	Agreed! I will wait for you at four thirty in my office.

Ната́ша	Воло́дя, я хочу́ спроси́ть, есть ли у вас кака́я-нибу́дь информа́ция о фи́рме, где рабо́тает Ма́йк? Мы хоте́ли бы созда́ть совме́стное предприя́тие с америка́нской фи́рмой.
	Valodya, ya hachoo sprasit, yest lee oo vas kakaya-neebood infarmatseeya o feermye, gdye rabotayet Mayk? Mi hatyelee bi sazdat savmyestnaye pryedpreeyateeye samyereekanskoy feermoy.
	Volodya, I want to ask if you have any information about the firm where Mike works? We would like to set up a joint venture with an American firm.

Влади́мир	Да, они́ присла́ли нам свои́ рекла́мные проспе́кты.
	Da, anee preeslalee nam svayee ryeklamniye praspyekti.
	Yes, they sent us their publicity brochures.

Ната́ша	Чуде́сно! Тогда́ до встре́чи!
	Choodyesna! Tagda dafstryechee!
	Marvelous! So, see you. [Then until meeting]

Влади́мир	До встре́чи, Ната́ша! Всего́ до́брого.
	Dafstryechee, Natasha! Fsyevo dobrava.
	See you, Natasha! All the best.

Ната́ша	До свида́ния, Воло́дя!
	Dasveedaneeya, Valodya.
	Goodbye, Volodya.

GRAMMAR

THE DECLENSION OF PERSONAL PRONOUNS

Lesson 4 looked at the declension of nouns in the singular. Pronouns also have several forms in both the singular and the plural. You will see that we have put **"н"** in brackets before **его́, ему́, им, её, ей, их, им** and **и́ми.** This is because sometimes in Russian an "n" sound is inserted to make it easier to pronounce a combination of letters: for example, **у его́** (*oo yevo*) has two vowel sounds together, and is more difficult to pronounce than **у него́** (*oo nyevo*), which slips more easily off the tongue.

Remember that, whereas in English a book or a table is referred to as "it," in Russian **кни́га** is feminine and referred to as **она́** and **стол** is masculine and referred to as **он**. **Мо́ре**, on the other hand, is neuter, and is referred to as **оно́**.

PERSONAL PRONOUNS

Singular:	I	thou	he/it	she
Nom.	**я**	**ты**	**он/оно́**	**она́**
	ya	*ti*	*on /ano*	*ana*
Acc.	**меня́**	**тебя́**	**(н)его́**	**(н)её**
	menya	*tebya*	*(n)yevo*	*(n)yeyo*
Gen.	**меня́**	**тебя́**	**(н)его́**	**(н)её**
	menya	*tebya*	*(n)yevo*	*(n)yeyo*
Dat.	**мне**	**тебе́**	**(н)ему́**	**(н)ей**
	mnye	*tebye*	*(n)yetoo*	*(n)yey*
Instr.	**мно́й** *	**тобо́й** *	**(н)им**	**(н)ей** *
	mnoy	*taboy*	*(n)eem*	*(n)yey*
Prep.	**мне**	**тебе́**	**нём**	**ней**
	mnye	*tebye*	*nyom*	*nyey*

* The instrumental forms **мно́ю, тобо́ю, е́ю, не́ю** also exist, but are less commonly used.

Plural:	we	you	they
Nom.	**мы**	**вы**	**они́**
	mi	*vi*	*anee*
Acc.	**нас**	**вас**	**(н)их**
	nas	*vas*	*(n)eeh*
Gen.	**нас**	**вас**	**(н)их**
	nas	*vas*	*(n)eeh*
Dat.	**нам**	**вам**	**(н)им**
	nam	*vam*	*(n)eem*
Instr.	**на́ми**	**ва́ми**	**(н)и́ми**
	namee	*vamee*	*(n)eemee*
Prep.	**нас**	**вас**	**них**
	nas	*vas*	*neeh*

Here are some examples of how personal pronouns change depending on the case.

Nominative:

Я иду́ домо́й. I am going home.
Ya eedoo damoy.
Ты идёшь домо́й. You are going home.
Ti eedyosh damoy.
Он, она́ идёт домо́й. He, she is going home.
On, ana eedyot damoy.
Мы идём домо́й. We are going home.
Mi eedyom damoy.
Вы идёте домо́й. You are going home.
Vi eedyotye damoy.
Они́ иду́т домо́й. They are going home.
Anee eedoot damoy.

Accusative:

Воло́дя о́чень лю́бит её. Volodya likes her a lot.
Valodya ochyen lyoobeet yeyo.
Ната́ша о́чень лю́бит его́. Natasha likes him very much.
Natasha ochen lyoobeet yevo.
Я люблю́ тебя́. I love you. (Here you <u>must</u> use the **ты** form! And mean it!)
Ya lyooblyoo tebya.
Па́вел проводи́л нас в аэропо́рт. Paul accompanied us to the airport.
Pavyel pravadeel nas vaeraport.

Genitive:

У меня́ есть па́спорт. I have a passport.
Oo menya yest paspart.
У тебя́ есть па́спорт? Do you (thou) have a passport?
Oo tebya yest paspart?
У него́ есть биле́т на самолёт. He has a plane ticket.
Oo nyevo yest beelyet na samalyot.
У неё есть большо́й чемода́н. She has a big suitcase.
Oo nyeyo yest balshoy chyemadan.
У нас есть хоро́шая кварти́ра. We have a good apartment.
Oo nas yest haroshaya kvarteera.
У вас есть биле́ты в теа́тр? Do you have tickets for [into] the theater?
Oo nas yest beelyeti fteatr?

У них есть новая машина. They have a new car.
Oo neeh yest novaya masheena.

Note the expressions:

Его нет в Москве. He is not in Moscow. [Of him not in Moscow.]
Yevo nyet vMaskvye.
Её нет дома. She is not at home. [Of her not at home]
Yeyo nyet doma.
Их нет в офисе. They are not in the office. [Of them not in office.]
Eeh nyet vofeesye.

Dative:

Мне нравится жить в Москве. I like to live in Moscow. [To me it likes...]
Mnye nraveetsya zheet vMaskvye.
Ему нравится работать в университете. He likes to work in the university.
Yemoo nraveetsya rabotat vooneevyerseetyetye.
Они прислали нам свои проспекты. They sent us their brochures.
Anee preeslalee nam svayee praspyekti.
Мы прислали им билеты на самолёт. We sent them (some) plane tickets.
Mi preeslalee eem beelyeti na samalyot.
Я хочу помочь вам. I want to help you.
Ya hachoo pamoch vam.

Instrumental:

Я поеду с вами. I will go with you.
Ya payedoo svamee.
Она говорила с ними. She was talking with them.
Ana gavareela sneemee.
Идите с ней. Go with her.
Eedeetye snyey.
Наташа идёт со мной в театр. Natasha is going with me to the theatre.
Natasha eedyot somnoy fteatr.

Prepositional:

Павел и Наташа говорят о них. Paul and Natasha are talking about them.
Pavyel ee Natasha gavaryat o neeh.
Не говорите обо мне! Don't speak about me!
Nye gavareetye abamnye!

информа́ция о не́й information about her
eenfarmatseeya anyey

THE DECLENSION OF NOUNS

As you know, Russian nouns have three genders: masculine, feminine and neuter. We shall now look at examples of all three in some detail. Do not try to memorize them. You will have lots of practical examples in the conversations which follow. Use this section for reference, as necessary, as you work through the course.

MASCULINE NOUNS

All nouns which end with **-й** or with a consonant in the nominative are masculine: **сара́й** (*saray*) shed, **геро́й** (*gyeroy*) hero, **кра́й** (*kray*) edge/border, **дом** (*dom*) house/home, **авто́бус** (*aftoboos*) bus, **по́езд** (*poyezd*) train

Some nouns ending in **-ь** are masculine such as **преподава́тель** (*pryepadavatyel*) teacher, **день** (*dyen*) day, **слова́рь** (*slavar*) dictionary, **рубль** (*roobl*) rouble.

A few nouns ending in **-а** or **-я** are masculine such as **мужчи́на** (*moozhcheena*) man, **дя́дя** (*dyadya*) uncle. Although they are masculine, they are declined like feminine nouns. Here are examples:

Singular:	table	border	day	uncle
Nom.	**стол**	**кра́й**	**день**	**дя́дя**
	stol	*kray*	*dyen*	*dyadya*
Acc.	**стол**	**кра́й**	**день**	**дя́дю**
	stol	*kray*	*dyen*	*dyadyoo*
Gen.	**стола́**	**кра́я**	**дня**	**дя́ди**
	stala	*kraya*	*dnya*	*dyadee*
Dat.	**столу́**	**кра́ю**	**дню**	**дя́де**
	staloo	*krayoo*	*dnyoo*	*dyadye*
Instr.	**столо́м**	**кра́ем**	**днём**	**дя́дей**
	stalom	*krayem*	*dnyom*	*dyadyey*
Prep.	**столе́**	**кра́е**	**дне**	**дя́де**
	stalye	*kraye*	*dnye*	*dyadye*

Plural:

	tables	borders	days	uncles
Nom.	столы́	края́	дни	дя́ди
	stali	kraya	dnee	dyadee
Acc.	столы́	края́	дни	дя́дей
	stali	kraya	dnee	dyadee
Gen.	столо́в	краёв	дней	дя́дей
	stalof	krayof	dnyey	dyadyey
Dat.	стола́м	края́м	дням	дя́дям
	stalam	krayam	dnyam	dyadyam
Instr.	стола́ми	края́ми	дня́ми	дя́дями
	stalamee	krayamee	dnyamee	dyadyamee
Prep.	стола́х	края́х	днях	дя́дях
	stalah	krayah	dnyah	dyadyah

FEMININE NOUNS

All nouns ending in **-ия** are feminine: **исто́рия** (*eestoreeya*) history, **фами́лия** (*fameeleeya*) surname, **Росси́я** (*Rasseeya*) Russia, **А́нглия** (*Angleeya*) England.

With one exception, all nouns ending in **-сть** are feminine. (The exception is **гость** (*gost*) guest, which is masculine – whether the guest is male or female.) They include **гла́сность** (*glasnast*) openness, **кре́пость** (*kryepast*) castle, **скро́мность** (*skromnast*) modesty, **уста́лость** (*oostyalast*) tiredness.

Almost all nouns ending in **-а** or **-я** are feminine. **кни́га** (*kneega*) book, **доро́га** (*doroga*) road, **земля́** (*zyemlya*) land, **семья́** (*syemya*) family, **ку́хня** (*koohnya*) kitchen.

On the page opposite you can see some examples of the declension of feminine nouns.

Singular:

	history	castle	road	land
Nom.	**исто́рия**	**кре́пость**	**доро́га**	**земля́**
	eestoreeya	*kryepast*	*doroga*	*zyemlya*
Acc.	**исто́рию**	**кре́пость**	**доро́гу**	**зе́млю**
	eestoreeyoo	*kryepast*	*dorogoo*	*zyemlyoo*
Gen.	**исто́рии**	**кре́пости**	**доро́ги**	**земли́**
	eestoree-ee	*kryepastee*	*dorogee*	*zyemlee*
Dat.	**исто́рии**	**кре́пости**	**доро́ге**	**земле́**
	eestoree-ee	*kryepastee*	*dorogye*	*zyemlye*
Instr.	**исто́рией**	**кре́постью**	**доро́гой**	**землёй**
	eestoreeyey	*kryepastyoo*	*dorogoy*	*zyemlyoy*
Prep.	**исто́рии**	**кре́пости**	**доро́ге**	**земле́**
	eestoree-ee	*kryepastee*	*dorogye*	*zyemlye*

Plural:

	histories	castles	roads	lands
Nom.	**исто́рии**	**кре́пости**	**доро́ги**	**зе́мли**
	eestoree-ee	*kryepost*	*dorogee*	*zyemlee*
Acc.	**исто́рии**	**кре́пости**	**доро́ги**	**зе́мли**
	eestoree-ee	*kryepostee*	*dorogee*	*zyemlee*
Gen.	**исто́рий**	**кре́постей**	**доро́г**	**земе́ль**
	eestoreey	*kryepostyey*	*dorog*	*zyemyel*
Dat.	**исто́риям**	**кре́постям**	**доро́гам**	**зе́млям**
	eestoreeyam	*kryepost*	*dorogam*	*zyemlyam*
Instr.	**исто́риями**	**кре́постями**	**доро́гами**	**зе́млями**
	eestoreeyamee	*kryepost*	*dorogamee*	*zyemlyamee*
Prep.	**исто́риях**	**кре́постях**	**доро́гах**	**зе́млях**
	eestoreeyax	*kryepost*	*dorogah*	*zyemlyah*

NEUTER NOUNS

Neuter nouns have no "shared endings" with masculine and feminine nouns. They all end in one of the following:

-о : **перо́** (*pyero*) pen, **вино́** (*veeno*) wine, **де́ло** (*dyela*) affair / business

-е : **со́лнце** (*sontse*) sun, **мо́ре** (*morye*) sea, **по́ле** (*polye*) field

-ие : **зда́ние** (*zdaneeye*) building, **собра́ние** (*sabraneeye*) meeting

-ье : **ожере́лье** (*azhyeryelye*) necklace

-ьё : враньё (*vryanyo*) a lie, "bull," **мытьё** (*mityo*) (the process of) washing

-мя: время (*vryemya*) time, **имя** (*eemya*) first name

Here are some examples of the declension of neuter nouns

Singular:			
	affair	field	first name
Nom.	**дело**	**поле**	**имя**
	dyela	*polye*	*eemya*
Acc.	**дело**	**поле**	**имя**
	dyela	*polye*	*eemya*
Gen.	**дела**	**поля**	**имени**
	dyela	*polya*	*eemyenee*
Dat.	**делу**	**полю**	**имени**
	dyeloo	*polyoo*	*eemyenee*
Instr.	**делом**	**полем**	**именем**
	dyelam	*polyem*	*eemyenyem*
Prep.	**деле**	**поле**	**имени**
	dyelye	*polye*	*eemyenee*

Plural:			
	affairs	fields	first names
Nom.	**дела́**	**поля́**	**имена́**
	dyela	*palya*	*eemyena*
Acc.	**дела́**	**поля́**	**имена́**
	dyela	*palya*	*eemyena*
Gen.	**дел**	**полей**	**имён**
	dyel	*palyet*	*eemyon*
Dat.	**дела́м**	**поля́м**	**имена́м**
	dyelam	*palyam*	*eemyenat*
Instr.	**дела́ми**	**поля́ми**	**имена́ми**
	dyelamee	*palyamee*	*eemyenamee*
Prep.	**дела́х**	**поля́х**	**имена́х**
	dyelah	*palyah*	*eemyenah*

THE FUTURE TENSE OF THE VERB "TO BE"

In lesson 4 Paul asked Natasha: **Вы до́лго бу́дете в Санкт-Петербу́рге?** "Will you be in St. Petersburg for long?" She replied: **Я бу́ду там три дня,** "I'll be there for 3 days."

In lesson 5 Volodya says: **Я бу́ду ждать вас,** I'll wait for you. (Here **вас** is the genitive form of **вы.**)

The future tense of **быть** "to be" is not complicated, and it needs to be learned.

Singular:	Plural:
я бу́ду	**мы бу́дем**
ya boodoo	*mi boodyem*
I will be	we will be
ты бу́дешь	**вы бу́дете**
ti boodyesh	*vi boodyetye*
you/thou will be	you will be
он, она́, оно́ бу́дет	**они́ бу́дут**
on ana ano boodyet	*anee boodoot*
he, she, it will be	they will be

A compound future tense can be formed by the future of **быть** + the infinitive of another verb such as **Я бу́ду ждать вас,** I'll wait for you.

Here are some more examples of the future tense of **быть:**

Где вы бу́дете за́втра ве́чером?
Gdye vi boodyetye zaftra vyechyeram?
Where will you be tomorrow evening? [in the evening]
Я бу́ду до́ма.
Ya boodoo doma.
I'll be at home.
Мы бу́дем жить в Москве́.
Mi boodyem zheet v Maskvye.
We will live in Moscow./We are going to live in Moscow.
Они́ бу́дут рабо́тать в Санкт-Петербу́рге.
Anee boodoot rabotat fSankt-Pyetyerboorgye.
They will work in St. Petersburg./They are going to work in St. Petersburg.

You are already familiar with **у меня́ есть.** There is also a future form:

У меня́ бу́дет своя́ отде́льная кварти́ра.
Oo menya boodyet svaya atdyelnaya kvarteera.
I will have my own separate apartment.

Завтра у них будут билеты.
Zaftra oo neeh boodoot beelyeti.
Tomorrow they will have tickets.

THE PAST TENSE OF VERBS

The past tense of Russian verbs is less complicated than the present.
For most verbs it is formed by removing the **-ть** from the infinitive
and adding **-л** (masculine singular),**-ла** (feminine singular) **-ло**
(neuter singular) and **-ли** for all genders of all plural forms. Here are
some examples:

Plural:				
	to work	to live	to love/like	to speak
	рабóтать	**жить**	**любить**	**говори́ть**
	rabotat	*zheet*	*lyoobeet*	*gavareet*
я	**рабóтал,-а**	**жил,-á**	**люби́л,-а**	**говори́л,-а**
	rabotal,-a	*zheel,-a*	*lyoobeel,-a*	*gavareel,-a*
ты	**рабóтал,-а**	**жил,-á**	**люби́л,-а**	**говори́л,-а**
	rabotal,-a	*zheel,-a*	*lyoobeel,-a*	*gavareel,-a*
он	**рабóтал**	**жил**	**люби́л**	**говори́л**
	rabotal	*zheel*	*lyoobeel*	*gavareel*
она	**рабóтала**	**жилá**	**люби́ла**	**говори́ла**
	rabotala	*zheela*	*lyoobeela*	*gavareela*
оно	**рабóтало**	**жи́ло**	**люби́ло**	**говори́ло**
	rabotala	*zheela*	*lyoobeela*	*gavareela*
мы				
вы	**рабóтали**	**жи́ли**	**люби́ли**	**говори́ли**
они	*rabotalee*	*zheelee*	*lyoobeelee*	*gavareelee*

Here are some examples:

Вчерá мы рабóтали в Ми́нске. Yesterday we worked in Minsk.
Fchyera mi rabotalee fMeenskye.

В прóшлом годý я жил в Москвé. Last year I lived in Moscow.
F proshlam gadoo ya zheel fMaskvye.

Я óчень люби́л егó. I liked him very much.
Ya ochyen lyoobeel yevo.

Ивáн говори́л с Мáйком. Ivan was talking with Mike.
Eevan gavareel sMaykam.

41 сорок один	50 пятьдесят	55 пятьдесят пять
sorak adeen	*pyatdyesyat*	*pyatdyesyat pyat*
60 шестьдесят	63 шестьдесят три	70 семьдесят
shyestdyesyat	*shyestdyesyat tree*	*syemdyesyat*
74 семьдесят четыре	80 восемьдесят	82 восемьдесят два
syemdyesyat chyetirye	*vosyemdyesyat*	*vosyemdyesyat dva*
90 девяносто	99 девяносто девять	100 сто
dyevyanosta	*dyevyanosta dyevyats*	*sto*

SOME USEFUL EXPRESSIONS

Который час? What time is it?
Katoriy chas?
В котором часу улетает самолёт? What time does the plane leave?
Fkatoram chasoo oolyetayet samalyot?
В котором часу прилетает самолёт? What time does the plane arrive?
Fkatoram chasoo preelyetayet samalyot?
Я вас не понимаю. I don't understand you.
Ya vas nye paneemayoo.
Говорите медленно, пожалуйста. Speak slowly, please.
Gavareetye myedlyenna, pazhalsta.

VOCABULARY

For the rest of the course, verbs will be given in the infinitive and nouns in the nominative singular. The form of the word in the conversation will also be given if necessary. The gender of the noun will only be given in cases where this is not clear from the form.
договориться to agree (about)
гостиница hotel
пытаться to try
позвонить to phone (used only in the past or future tenses)
звонить to phone, to be phoning
дозвониться to ring the phone until it is answered, to get through to someone
коллега a colleague
легко easy
просто simply
трудно difficult

иногда́ sometimes
но́мер number, hotel room
за́нят busy, engaged
никто́ nobody
отвеча́ть to answer, to reply
доса́дно frustrating
коне́ц end
в конце́ концо́в in the end [in the end of ends]
ей удаётся she succeeds [to her it succeeds]
поговори́ть to speak, to have a talk
слу́шать to listen
до́брый, -ая, -ое good
отку́да? where from?
здесь here
уже́ already
це́лый, -ая, -ое whole
час hour
до́лго a long time
мочь to be able to
я могу́ I can
мы мо́жем we can
вы мо́жете you can
мо́жет быть perhaps [it can to be]
встре́титься to meet
кото́рый, -ая, -ое which
прие́хать to come
сожале́ние pity, regret
к сожале́нию unfortunately, regrettably
пообе́дать to have dinner
вме́сте together
извини́ть to forgive, to excuse
встреча́ться to meet (one another)
удо́бно suitable, convenient
замеча́тельно! great! wonderful!
ждать to wait
кабине́т office
у себя́ в кабине́те in my office [at myself in office]
хоте́ть to want
я хочу́ I want
мы хоте́ли бы... we would like...
спроси́ть to ask
како́й, -а́я, -о́е what sort of, what a, which
како́й-нибу́дь some, any
информа́ция information

фи́рма firm, company
созда́ть to found, to set up
совме́стный, -ая, -ое joint
предприя́тие enterprise
присла́ть to send
рекла́мный, -ая, -ое advertising
проспе́кт brochure
чуде́сно wonderful, marvelous
тогда́ then
всего́ до́брого all the best [of all of best]
сара́й shed
геро́й hero
кра́й border, edge
день day
дя́дя uncle
исто́рия history
фами́лия surname
скро́мность modesty
земля́ land
семья́ family
ку́хня kitchen
вино́ wine
зда́ние building
собра́ние meeting
ожере́лье necklace
и́мя first name
улета́ть to fly out [to depart]
прилета́ть to fly in [arrive]
понима́ть to understand
ме́дленно slowly
за́втра tomorrow
вчера́ yesterday
ве́чер evening
ве́чером in the evening

EXERCISES

1. *Translate the following sentences into Russian.*

   1. Mike lives and works in New York.

   2. Natasha works in a bank in Moscow.

3. Her father and her mother live in Minsk.

4. I have my own separate flat.

5. Just now Natasha is in a hotel.

6. It is difficult for her to phone her colleague Volodya.

7. Volodya and Mike were very busy.

8. When can we meet?

2. *Put the word in brackets into the appropriate case.*

1. Я иду́ (дом).

2. Ната́ша в (кабине́т) Воло́ди.

3. Воло́дя не рабо́тает. Он (дом).

4. Кни́га на (стол).

5. (Я) не нра́вится жить в (Москва́).

6. Ива́н о́чень лю́бит (она́).

7. У (я) есть па́спорт.

8. У (мы) больша́я кварти́ра.

9. (Он) нет в (Москва́).

3. *Give the appropriate form of the verb, so that subject and verb agree.*

1. За́втра я (быть) рабо́тать до́ма.

2. Вчера́ они́ (рабо́тать) в ба́нке.

3. Сейча́с Ната́ша (говори́ть) с Ива́ном.

4. Где они́ (быть) вчера́ ве́чером?

5. Сего́дня я (идти́) в теа́тр.

6. Воло́дя ча́сто (е́здить) в Москву́.

7. Сейча́с Па́вел (жить) в Москве́.

8. За́втра у меня́ (быть) биле́т на самолёт.

9. Вчера́ Воло́дя (быть) о́чень за́нят.

10. Вчера́ Ма́йк (звони́ть) мне из Аме́рики.

4. *Translate the following sentences into English.*

1. Мне не нра́вится рабо́тать в Москве́.

2. Сейча́с во́семь часо́в.

3. Вам удо́бно встре́титься в три часа́?

4. Они́ бу́дут ждать нас в пять три́дцать в ба́нке.

5. Ма́йк присла́л нам мно́го вина́.

6. Мо́й оте́ц о́чень лю́бит свою́ рабо́ту.

7. У меня́ есть четы́ре биле́та в теа́тр.

8. Где Андре́й? Его́ нет до́ма.

9. Воло́дя пое́дет с ва́ми, е́сли хоти́те.

5. *True or false?*

1. Сего́дня Ната́ша не в Москве́.

2. Ната́ше о́чень тру́дно позвони́ть своему́ колле́ге Воло́де.

3. Ма́йк звони́л Ната́ше из Аме́рики.

4. Ната́ше не удаётся поговори́ть с Воло́дей.

5. У Ната́ши к Воло́де мно́го вопро́сов.

6. Сего́дня у Ната́ши ещё одна́ встре́ча.

7. Ната́ша договори́лась пообе́дать с Воло́дей.

8. Воло́дя бу́дет ждать Ната́шу в 4.30.

УРÓК 6

REVIEW OF LESSONS 1–5

1. *Read aloud these useful expressions from lesson 1.*

   1. Здрáвствуйте!

   2. До свидáния!

   3. Спасúбо.

   4. Пожáлуйста.

2. *Read dialogs 2 through 5 out loud.*

ЗДРÁВСТВУЙТЕ

Андрéй	Здрáвствуйте, Пáвел! Как вáши делá?
Пáвел	Здрáвствуйте! У меня́ всё хорошó, спасúбо. А как вáши делá?
Андрéй	Спасúбо, хорошó. Садúтесь, пожáлуйста. Давáйте начнём наш урóк.
Пáвел	С удовóльствием.

Андрей	Один вопрос, Павел.
Павел	Да, пожалуйста.
Андрей	Вот, посмотрите. Это ручка?
Павел	Да, это ручка.
Андрей	А это? Это ручка или ключ?
Павел	Это ключ.
Андрей	А это? Это тоже ключ?
Павел	Нет, это не ключ.
Андрей	Что это?
Павел	Это книга. Это книга на русском языке.
Андрей	Очень хорошо, Павел. До свидания.
Павел	До свидания, Андрей Иванович. До скорой встречи!

ЗНАКОМСТВО

Андрей	Здравствуйте! Я Андрей Иванович Смирнов. А вы кто?
Наталья	А меня зовут Наталья Петровна Иванова. Я русская. А вы русский?
Андрей	Нет, я не русский. И не украинец, и не татарин.
Наталья	Кто вы по национальности?
Андрей	Я белорус. Я родился в Минске. А вы откуда?
Наталья	Я из Новосибирска. А сейчас я живу здесь, в Москве. Я работаю в банке. А где вы работаете?
Андрей	Я? Я работаю в университете. Я преподаю русский язык.
Наталья	Значит, я бухгалтер, а вы преподаватель ... А кто этот молодой человек?
Андрей	Это Павел. Он мой новый студент. Он американец. Он учит русский. Павел! Идите сюда! ... Это Павел. Павел, это Наталья Петровна. Она работает в банке.
Павел	Очень приятно.
Наталья	Я очень рада познакомиться с вами.

НАТАЛЬЯ ИВАНОВНА ЕДЕТ В КОМАНДИРОВКУ

| Андрей | Как вы знаете, я белорус. Я живу и работаю в Москве. Я очень люблю Москву. Но я люблю и Минск, где живут мой отец и моя мать. Вы также знаете, что Наталья Ивановна из Новосибирска. Но сейчас она живёт в Москве. У неё своя отдельная квартира. Ей нравится жить в Москве. Она очень любит свою работу. Сегодня она едет в |

командиро́вку в Санкт-Петербу́рг. Сейча́с она́ говори́т с Па́влом ...

Па́вел Как вы е́дете в Санкт-Петербу́рг?

Ната́лья Я лечу́ туда́ на самолёте, а возвраща́юсь на по́езде.

Па́вел У вас есть биле́т на самолёт?

Ната́лья Да. У меня́ есть биле́т на самолёт, и обра́тный биле́т на по́езд.

Па́вел Вы до́лго бу́дете в Санкт-Петербу́рге?

Ната́лья Я бу́ду там три дня. У меня́ там мно́го дел.

Па́вел Вы ча́сто туда́ е́здите?

Ната́лья Да, дово́льно ча́сто. Я там быва́ю три-четы́ре дня ка́ждый ме́сяц.

Па́вел Я о́чень хочу́ побыва́ть в Санкт-Петербу́рге. Говоря́т, э́то о́чень интере́сный и краси́вый го́род.

Ната́лья Да, э́то пра́вда. Но у меня́ никогда́ нет вре́мени там гуля́ть.

Па́вел А почему́?

Ната́лья Потому́ что у меня́ мно́го рабо́ты.

Па́вел Когда́ улета́ет ваш самолёт?

Ната́лья Че́рез четы́ре часа́. Из аэропо́рта Шереме́тьево-1.

Па́вел И как вы туда́ е́дете?

Ната́лья Обы́чно я иду́ к авто́бусной остано́вке и е́ду в аэропо́рт на авто́бусе. Но сего́дня я е́ду на такси́.

Па́вел Я пое́ду с ва́ми, е́сли хоти́те. Я хочу́ помо́чь вам нести́ ва́ши чемода́ны.

Ната́лья Большо́е спаси́бо, но у меня́ то́лько оди́н чемода́нчик, и он не тяжёлый. Он о́чень лёгкий. Но проводи́ть меня́ за компа́нию – пожа́луйста.

Па́вел Да. С удово́льствием.

ВСТРЕ́ЧА

Сего́дня Ната́ша в Санкт-Петербу́рге. Сейча́с она́ в гости́нице. Она́ пыта́ется позвони́ть своему́ колле́ге Воло́де. Но э́то не легко́. Э́то про́сто тру́дно. Иногда́ но́мер за́нят, а иногда́ никто́ не отвеча́ет. Э́то о́чень доса́дно! Но в конце́ концо́в ей удаётся дозвони́ться и поговори́ть с ним ...

Влади́мир Слу́шаю вас.

Ната́ша Воло́дя? Здра́вствуйте! Э́то Ната́ша.

Влади́мир До́брый день, Ната́ша. Вы отку́да?

Ната́ша Я здесь, в гости́нице "Нева́." Я уже́ це́лый час звоню́ вам.

Влади́мир	Я был о́чень за́нят. Майк звони́л мне из Аме́рики. Мы говори́ли о́чень до́лго.
Ната́ша	Когда́ мы мо́жем встре́титься? У меня́ к вам мно́го вопро́сов.
Влади́мир	Кото́рый час сейча́с?
Ната́ша	Сейча́с де́сять часо́в.
Влади́мир	Вы мо́жете прие́хать сейча́с?
Ната́ша	К сожале́нию, сейча́с не могу́. У меня́ ещё одна́ встре́ча сего́дня, в оди́ннадцать часо́в.
Влади́мир	Мо́жет быть, пообе́даем вме́сте в час дня?
Ната́ша	Извини́те, но я уже́ договори́лась пообе́дать с колле́гами, с кото́рыми я встреча́юсь в оди́ннадцать. Мо́жет быть, встре́тимся в три?
Влади́мир	В три не могу́. А е́сли в полпя́того? Вам удо́бно?
Ната́ша	Замеча́тельно!
Влади́мир	Договори́лись! Я бу́ду ждать вас в четы́ре три́дцать у себя́ в кабине́те.
Ната́ша	Воло́дя, я хочу́ спроси́ть, есть ли у вас кака́я-нибу́дь информа́ция о фи́рме, где рабо́тает Майк? Мы хоте́ли бы созда́ть совме́стное предприя́тие с америка́нской фи́рмой.
Влади́мир	Да, они́ присла́ли нам свои́ рекла́мные проспе́кты.
Ната́ша	Чуде́сно! Тогда́ до встре́чи!
Влади́мир	До встре́чи, Ната́ша! Всего́ до́брого.
Ната́ша	До свида́ния, Воло́дя!

EXERCISES

1. *Here are some English words that are the same – or almost the same – as their Russian counterparts. Translate them into Russian and check your answers against the key.*

   1. America

   2. New York

   3. the president

   4. an office

   5. (a male) student

   6. (a female) student

7. vodka

8. a pilot

9. students (male or male and female)

10. airport

2. *Read these Russian numbers aloud and then write them down (1, 5, etc).*

А. во́семь	**Б.** три	**В.** семь
Г. четы́ре	**Д.** два	**Е.** оди́н
Ё. пять	**Ж.** шесть	**З.** де́вять
И. де́сять	**Й.** два́дцать два	**К.** три́дцать шесть
Л. со́рок	**М.** пятьдеся́т пять	**Н.** шестьдеся́т де́вять
О. се́мьдесят	**П.** сто	**Р.** девяно́сто четы́ре
С. во́семьдесят	**Т.** се́мьдесят три	**У.** четы́рнадцать
Ф. двена́дцать	**Х.** пятна́дцать	**Ц.** со́рок четы́ре
Ч. се́мьдесят оди́н	**Ш.** восемна́дцать	**Щ.** шестьдеся́т во́семь
Ь. оди́ннадцать	**Ы.** со́рок два	**Ъ.** три́дцать семь
Э. во́семьдесят три	**Ю.** девятна́дцать	**Я.** два́дцать де́вять

3. *Put the nominative form of the nouns and pronouns given in brackets into the appropriate case where necessary.*

1. Ива́н и Ната́ша е́дут в (Москва́) в (командиро́вка).

2. Сейча́с Воло́дя и Ната́ша на (рабо́та) в (банк) в (Минск).

3. Ива́н не лю́бит (своя́ рабо́та) в (университе́т).

4. Ната́ша говори́т с (Майк).

5. Э́то чемода́н (Ива́н).

6. Андре́й Ива́нович Смирно́в живёт в (кварти́ра) в (центр) (Москва́).

7. Ната́ша из (Новосиби́рск).

8. Сейча́с Андре́й Ива́нович идёт (дом) с (рабо́та).

9. Я хочу́ помо́чь (вы).

10. Помоги́те (я), пожа́луйста.

11. Сейча́с Ната́ша у (Ива́н).

12. Да, с (удово́льствие).

13. Мы пое́дем с (вы).

14. Па́вел и Ната́ша говори́ли о (командиро́вка) (Ната́ша).

15. В (коне́ц) (коне́ц).

4. *Agreement of subject and verb: Put the verb into the correct form.*

1. Сейча́с Па́вел о́чень (люби́ть) Москву́, и я то́же (люби́ть) Москву́.

2. Сейча́с мой оте́ц (жить) в Ми́нске, а я (жить) в Ло́ндоне.

3. Вчера́ мы (рабо́тать) в Ми́нске, а сего́дня мы (рабо́тать) в Москве́.

4. Вчера́ мы (быть) в Аме́рике, где сейча́с (рабо́тать) Ма́йк и Ива́н.

5. Вчера́ Ма́йк (звони́ть) Воло́де из Аме́рики, но Воло́ди не (быть) до́ма.

6. Где вы (быть) за́втра ве́чером, и где вы (быть) вчера́ ве́чером?

7. За́втра ве́чером я (быть) до́ма, а вчера́ ве́чером я (быть) у Ива́на.

8. Мы (быть) ждать вас за́втра ве́чером в шесть у нас до́ма.

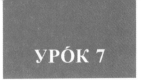

УРÓК 7

НА РАБÓТЕ
NA RABOTYE
AT THE OFFICE

Волóдя рабóтает недалекó от гостúницы "Невá". Натáша идёт к нему́ на рабóту пешкóм. По путú онá покупáет газéту. Онá прихóдит тóчно в полпя́того ...

Valodya rabotayet nyedalyeko otgasteeneetsi "Nyeva". Natasha eedyot knyemoo narabotoo pyeshkom. Papootee ana pakoopayet gazyetoo. Ana preehodeet tochna fpolpyatava ...

Volodya works not far from the Neva hotel. Natasha goes to his workplace on foot. On the way she buys a newspaper. She arrives exactly at four thirty ...

Волóдя   **Здрáвствуйте, Натáша!**
         Zdrastvooyte, Natasha!
         Hello, Natasha.

Ната́ша	Здра́вствуйте, Воло́дя! Как дела́?
	Zdrastvooyte, Valodya! Kak dyela?
	Hello, Volodya. How are things?
Воло́дя	Норма́льно. А что но́вого у вас?
	Narmalna. Ashto novava oovas?
	O.K. [normal]. And what's new with you? [And what's of new at you?]
Ната́ша	У меня́ всё по-ста́рому. Как всегда́ мно́го рабо́ты.
	Oomenya fsyo pa-staramoo. Kak fsyegda – mnoga raboti.
	The same old thing. [At me all in old (way).] As always, a lot of work.
Воло́дя	Хоти́те ча́ю? Йли ко́фе?
	Hateetye chayoo? Eelee kofye?
	Would you like (some) tea? Or coffee?
Ната́ша	Нет, спаси́бо. Я о́чень мно́го пила́ ко́фе сего́дня.
	Nyet, spaseeba. Ya ochyen mnoga peela kofye syevodnya
	No, thank you. I drank a great deal of coffee today. [I very much drank coffee today.]
	Мо́жно минера́льную во́ду?
	Mozhna meenyeralnooyoo vodoo?
	Can I have some mineral water? [Possible mineral water?]
Воло́дя	Коне́чно! Вот минера́льная во́да, а вот ко́пии рекла́мных проспе́ктов из Аме́рики.
	Kanyeshna! Vot meenyeralnaya vada, a vot kopee-ee ryeklamnih praspyektaf eezAmyereekee.
	Of course! Here (is some) mineral water, and here are copies [reproductions] of the advertising brochures from America.
Ната́ша	Спаси́бо. Хмм ... Интере́сно. Я ду́маю, э́то как раз то, что нам ну́жно ... Здесь мо́жно кури́ть?
	Spaseeba. Hmm... Eentyeryesna. Ya doomayoo, eta kak raz to, shto nam noozhna ... Zdyes mozhna kooreet?
	Thanks. Hmm ... Interesting. I think it is just what [that, which] we need [to us needed] ... May I smoke here? [Here possible to smoke?]

Воло́дя	Коне́чно. Я откро́ю окно́.
	Kanyeshna. Ya atkroyoo akno.
	Of course. I'll open the window.
Ната́ша	Когда́ вы смо́жете прие́хать к нам в Москву́? Мы с ва́ми должны́ обсуди́ть вопро́с о совме́стном предприя́тии с мои́м но́вым нача́льником, Ники́той Серге́евичем Кали́ниным.
	Kagda vi smozhyetye preeyehat knam vMaskvoo? Mi svamee dalzhni apsoodeet vapros asavmyestnam pryedpreeyatee-ee smaeem novim nachalneekam, Neekeetoy Syergyeyeveechyem Kaleeneenim.
	When will you be able to come to us in Moscow? You and I must discuss the question of [about] the joint venture with my new boss, Nikita Sergeyevich Kalinin.
Воло́дя	Како́е сего́дня число́? Два́дцать пе́рвое?
	Kakoye syevodnya cheeslo? Dvatsat pyervaye?
	What's the date today? The twenty-first?
Ната́ша	Два́дцать пе́рвое ноября́, вто́рник.
	Dvatsat pyervaye nayabrya, ftorneek.
	The twenty-first of November, Tuesday.
Воло́дя	Я смогу́ прие́хать к вам че́рез неде́лю. Ска́жем, в сре́ду, два́дцать девя́того.
	Ya smagoo preeyehat kvam chyeryez nyedyelyoo. Skazhyem fsryedoo, dvatsat dyevyatava.
	I'll be able to come to you in a week's time [through a week]. Let's say on Wednesday, the twenty-ninth.
Ната́ша	Отли́чно! Я зна́ю, что Ники́та Серге́евич бу́дет свобо́ден в сре́ду.
	Atleechna! Ya znayoo, shta Neekeeta Syergyeyeveech boodyet svaboden fsryedoo.
	Great! I know that Nikita Sergeyevich will be free on Wednesday.

GRAMMAR

ASPECTS OF THE VERB: IMPERFECTIVE AND PERFECTIVE

Most Russian verbs have two aspects: the *imperfective aspect* and the *perfective aspect*. It is important to learn these in their corresponding pairs.

Broadly speaking, the *imperfective* indicates that an action is *not completed* or "imperfect," while the *perfective* indicates that an action *is completed* or "perfect."

The Russian language therefore has two verbs for every action, for example the verb **делать** (*dyelat*) is imperfective and means "to do" in the sense of "to be doing," and the verb **сделать** (*sdyelat*) is perfective and means "to do completely or once only."

Compare the following examples: if someone poses the question: **что делать?** (*shto dyelat*) "what to do?" "what to be doing?" the answer will be in the imperfective aspect:

читáть кни́гу (*cheetat kneegoo*) to read a book, to be reading a book

писáть письмó (*peesat peesmo*) to write a letter, to be writing a letter

кури́ть сигарéту (*kooreet seegaryetoo*) to smoke a cigarette, to be smoking a cigarette

In contrast, the question: **что сдéлать?** implies completion of the action and the answer will be in the perfective aspect:

прочитáть кни́гу (*pracheetat kneegoo*) to read a book, to have read a book, to read a book from the beginning to the end

написáть письмó (*napeesat peesmo*) to write a letter, to have written a letter, to completely write a letter

вы́курить сигарéту (*vikooreet seegaryetoo*) to smoke a cigarette, to have smoked a cigarette, to smoke a cigarette from the beginning to the end

Most perfective verbs are formed by adding a prefix to the corresponding imperfective verb. Common prefixes of perfective verbs are **вы- за- по- про- при- с-** and **со-**. However sometimes the *suffix* changes:

давáть (*davat*) (impf) to give, to be giving

дать (*dat*) (perf) to give, to have given

начина́ть (*nacheenat*) (impf) to begin, to be beginning

нача́ть (*nachat*) (perf) to begin, to have begun

сообща́ть (*sa-abshchat*) (impf) to inform, to be informing; to communicate, to be communicating

сообщи́ть (*sa-abshcheet*) (perf) to inform, to have informed; to communicate, to have communicated

Sometimes the **stem** itself changes:

встреча́ть (*fstryechat*) (impf) to meet, to be meeting

встре́тить (*fstryeteet*) (perf) to meet, to have met

крича́ть (*kreechat*) (impf) to shout, to be shouting

кри́кнуть (*kreeknoot*) (perf) to shout, to have shouted

Usually the imperfective and perfective pair of verbs are similar to each other and it is easy to learn them as a pair, but this is not always the case. You are already familiar with the imperfective verb **говори́ть** (*gavareet*) "to talk, to be talking." The perfective is **поговори́ть** (*pagavareet*) "to talk, to have talked." But when **говори́ть** means "to say, to be saying" or "to tell, to be telling," it is paired with the perfective verb **сказа́ть** (*skazat*) "to say, to have said; to tell, to have told."

Here are some examples:

Ната́ша говори́ла с Ива́ном.
Natasha gavareela sEevanam.
Natasha talked/was talking to Ivan.

Ната́ша поговори́ла с Ива́ном.
Natasha pagavareela sEevanam.
Natasha talked/has talked to Ivan.

Ната́ша говори́ла Ива́ну, что ...
Natasha gavareela Eevanoo, shta ...
Natasha was saying to/telling Ivan that ...

Ната́ша сказа́ла Ива́ну, что ...
Natasha skazala Eevanoo, shta ...
Natasha said to/told Ivan that ...

THE USAGE OF IMPERFECTIVE VERBS

1. To express uncompleted or continuous action:

Ива́н пи́шет кни́гу.
Eevan peeshyet kneegoo.
Ivan is writing a book.

Ива́н писа́л кни́гу.
Eevan peesal kneegoo.
Ivan was writing a book.

Ива́н бу́дет писа́ть кни́гу.
Eevan boodyet peesat kneegoo.
Ivan will be writing a book.

2. To express habitual or repetitive action:

Она́ пьёт ко́фе по утра́м.
Ana pyot kofye paootram.
She drinks coffee in the morning.

Он е́здит в Санкт-Петербу́рг ка́ждый ме́сяц.
On yezdeet fSankt-Pyetyerboorg kazhdiy myesyats.
He travels to St. Petersburg every month.

Ра́ньше она́ пила́ ко́фе по утра́м, а тепе́рь она́ пьёт ча́й.
Ranshye ana peela kofye paootram, a tyepyer ana pyot chay.
Before, she used to drink coffee in the morning, but now she drinks tea.

В про́шлом году́ он е́здил в Минск ка́ждый ме́сяц.
Fproshlam gadoo on yezdeel vMeensk kazhdiy myesyats.
Last year he travelled to Minsk every month.

Вско́ре он бу́дет е́здить в Минск ка́ждую неде́лю.
Fskorye on boodyet yezdeet vMeensk kazhdooyoo nyedyelyoo.
Soon he will travel to Minsk every week.

THE USAGE OF PERFECTIVE VERBS

1. To express the completion of an action:

Ива́н написа́л кни́гу.
Eevan napeesal kneegoo.
Ivan wrote/has written a book.

2. To express the definite completion of an action in the future:

Ско́ро Ива́н напи́шет кни́гу.
Skora Eevan napeeshyet kneegoo.
Soon Ivan will write a book. [Soon Ivan will have finished writing a book.]

3. To express instantaneous actions:

Па́вел откры́л дверь.
Pavyel atkril dvyer.
Paul opened the door.

Ната́ша вскри́кнула.
Natasha fskreeknoola.
Natasha screamed.

TENSES OF IMPERFECTIVE AND PERFECTIVE VERBS

Imperfective verbs have past, present and future tenses. Perfective verbs have past and future tenses, but *no present tense*, since they describe only *completed* actions. An action taking place at present is, by definition, uncompleted and therefore imperfect.

The future tense of an imperfective verb is formed with **бу́ду, бу́дешь, бу́дет, бу́дем, бу́дете, бу́дут** plus the infinitive of the imperfective verb:

Мы бу́дем ждать вас здесь.
Mi boodyem zhdat vas zdyes.
We are going to wait/be waiting for you here.

The future tense of a perfective verb is similar in conjugation to the present tense of imperfective verbs.

Let's have a look at the verbs **писа́ть** (*peesat*) – to write, to be writing (imperfective) – and **написа́ть** (*napeesat*) – to write, to have written (perfective).

ПИСА́ТЬ (imperfective)	НАПИСА́ТЬ (perfective)
Present tense	
я пишу́ *ya peeshoo*	THE
ты пи́шешь *ti peeshyesh*	PERFECTIVE
он, она́ пи́шет *on, ana peeshyet*	HAS
мы пи́шем *mi peeshyem*	NO
вы пи́шете *vi peeshyetye*	PRESENT
они пи́шут *anee peeshoot*	TENSE

ПИСА́ТЬ (imperfective)	**НАПИСА́ТЬ** (perfective)
Future tense	

ПИСА́ТЬ (imperfective)	**НАПИСА́ТЬ** (perfective)
я бу́ду писа́ть *ya boodoo peesat*	**я напишу́** *ya napeeshoo*
ты бу́дешь писа́ть *ti boodyesh peesat*	**ты напи́шешь** *ti napeeshyesh*
он, она́ бу́дет писа́ть *on, ana boodyet peesat*	**он, она́ напи́шет** *on, ana napeeshyet*
мы бу́дем писа́ть *mi boodyem peesat*	**мы напи́шем** *mi napeeshyem*
вы бу́дете писа́ть *vi boodyetye peesat*	**вы напи́шете** *vi napeeshyetye*
они бу́дут писа́ть *anee boodoot peesat*	**они напи́шут** *anee napeeshoot*

ПИСА́ТЬ (imperfective)	**НАПИСА́ТЬ** (perfective)
Past tense	
я писа́л *ya peesal*	**я написа́л** *ya napeesal*
ты писа́л *ti peesal*	**ты написа́л** *ti napeesal*
он писа́л *on peesal*	**он написа́л** *on napeesal*
она́ писа́ла *ana peesala*	**она́ написа́ла** *ona napeesala*
мы писа́ли *mi peesalee*	**мы написа́ли** *mi napeesalee*
вы писа́ли *vi peesalee*	**вы написа́ли** *vi napeesalee*
они́ писа́ли *anee peesalee*	**они́ написа́ли** *anee napeesalee*

NOTE ON THE USE OF ПО-

Sometimes the prefix **по-** conveys the idea of spending a little time doing something. For example:

погуля́ть *pagoolyat* (perfective):

Они погуляли в парке. *Anee pagoolyalee fparkye*
They strolled in the park for a while. [They had a little walk in the park.]

посидеть *paseedyet* (perfective):

Володя посидел с Наташей. *Valodya paseedyel sNatashyey.*
Volodya sat a while with Natasha.

There is, however, one commonly used verb which is an exception and should be memorized:

покупать (*pakoopat*) to buy, to be buying, *imperfective* despite the prefix **по-**

купить (*koopeet*) (perfective) to buy, to have bought/to complete the action of buying

THE OMISSION OF VOWELS IN MASCULINE NOUNS

Some masculine nouns with the letters **о**, **ё**, and **е** in the last syllable in the nominative case drop these letters when they are declined. In lesson 4 we saw this happen to **Павел** :

Сейчас она говорит с Павлом.
Seychas ana gavareet sPavlom.
Just now, she is talking with Paul.

In lesson 5, the same thing happens to **конец** *kanyets* (end):

в конце концов
fkantsye kantsof.
Eventually, at last

Similarly:

отец	**с отцом**
atyets	*satsom*
father	with father
продавец	**продавца**
pradavyets	*pradavtsa*
salesperson	of the salesperson
угол	**в углу**
oogal	*voogloo*
corner	in the corner

100 сто *sto*	**500 пятьсо́т** *pyatsot*
101 сто оди́н *sto adeen*	**555 пятьсо́т пятьдеся́т пять** *pyatsot pyatdyesyat pyat*
102 сто два *sto dva*	**600 шестьсо́т** *shyessot*
105 сто пять *sto pyat*	**622 шестьсо́т два́дцать два** *shyessot dvatsat dva*
110 сто де́сять *sto dyesyat*	**700 семьсо́т** *syemsot*
150 сто пятьдеся́т *sto pyatdyesyat*	**800 восемьсо́т** *vasyemsot*
200 две́сти *dvyestee*	**900 девятьсо́т** *dyevyatsot*
299 две́сти девяно́сто де́вять *dvyestee dyevyanosta dyevyat*	**999 девятьсо́т девяно́сто де́вять** *dyevyatsot dyevyanosta dyevyat*
300 три́ста *treesta*	**1,000 одна́ ты́сяча** *adna tisyacha*
340 три́ста со́рок *treesta sorak*	
430 четы́реста три́дцать *chyetiryesta treedtsat*	

SOME USEFUL EXPRESSIONS

Я вас не понима́ю.
Ya vas nye paneemayoo.
I don't understand you

Повтори́те, пожа́луйста.
Paftareetye, pazhalsta.
Repeat, please.

Где здесь туале́т?
Gdye zdyes tooalyet?
Where is the toilet? [Where here toilet?]

Когда́ мы встре́тимся?
Kagda mi fstryeteemsya?
When will we meet? [When we will meet?]

Когда́ я смогу́ прие́хать к вам?
Kagda ya smagoo preeyehat kvam?
When can I come to (visit) you?

DAYS OF THE WEEK

Note that these do not have a capital letter in Russian except at the beginning of a sentence.

понеде́льник	*panedyelneek*	Monday
вто́рник	*ftorneek*	Tuesday
среда́	*sryeda*	Wednesday
четве́рг	*chyetvyerg*	Thursday
пя́тница	*pyatneetsa*	Friday
суббо́та	*soobota*	Saturday
воскресе́нье	*vaskryesyenye*	Sunday

VOCABULARY

на рабо́те at one's work, at the office
рабо́тать (impf) to work
далеко́ far, a long way, far away
недалеко́ not far
от from
идти́ пешко́м to go on foot, to walk
пгть (m) way
по пути́ on the way
покупа́ть (impf) to buy
газе́та newspaper
приходи́ть (perf) to arrive, to come
то́чно exactly
полпя́того half past four, [half of five]
норма́льно O.K., normal
что но́вого у вас? what's new? [what of new with you?]
ста́рый, -ая, -ое old
по-ста́рому as before, as usual
всегда́ always
как всегда́ as always, as usual
хоте́ть (impf) to want
пить (impf) to drink
минера́льный, -ая, -ое mineral
вода́ water
коне́чно of course

ко́пия copy, duplicate
рекла́мный, -ая, -ое advertising
проспе́кт (m) brochure, prospectus
интере́сный, -ая, -ое interesting
интере́сно it is interesting
ду́мать (impf) to think
как раз то, что ... just what ...
здесь here
мо́жно? is it possible?, may I ...?
кури́ть (impf) to smoke
открыва́ть (impf) to open
откры́ть (perf) to open
окно́ (n) window
мочь (impf) to be able to
смочь (perf) to be able to
смо́жете you will be able to
е́хать (impf) to go (by transport), to drive,
прие́хать (perf) to come (by transport)
я (male), **он до́лжен** I, he must
я (female), **она́ должна́** she must
мы, вы, они́ должны́ we, you, they must
обсуди́ть (perf) to discuss
вме́сте together
нача́льник chief, boss
число́ number, date
вто́рник Tuesday
че́рез through, in (of time)
неде́ля week
че́рез неде́лю in a week
сказа́ть (perf) to say
ска́жем let's say, we'll say
отли́чно it's excellent, great
знать (impf) to know
свобо́дный, -ая, -ое free
я (male), **он свобо́ден** I am, he is free
я (female), **она́ свобо́дна** I am, she is free
мы, вы, они́ свобо́дны we, you, they are free

EXERCISES

1. *Perfective or imperfective? If the underlined verb is an imperfective verb, write: "impf." If it is a perfective verb, write: "perf."*

   1. Вчера́ Воло́дя <u>чита́л</u> кни́гу.

   2. Сего́дня у́тром Ната́ша <u>прочита́ла</u> но́вую кни́гу.

   3. Что <u>де́лать</u>?

   4. Что <u>сде́лать</u>?

   5. Мы <u>дава́ли</u> ему́ кни́ги ка́ждый ме́сяц.

   6. Они́ <u>да́ли</u> ей кни́гу вчера́.

   7. Ната́ша и Воло́дя <u>рабо́тают</u> в ба́нке.

   8. Ка́ждый день она́ <u>покупа́ет</u> па́чку америка́нских сигаре́т.

   9. Вчера́ Ната́ша <u>купи́ла</u> па́чку хоро́ших англи́йских сигаре́т.

   10. Когда́ Ма́йк <u>смо́жет</u> прие́хать к нам в Москву́?

2. *Numbers. Write out the following numbers in Russian and check your answers against the key.*

А 5	Б 10	В 15	Г 20	Д 25	Е 30
Ё 35	Ж 40	З 45	И 50	Й 55	К 60
Л 65	М 70	Н 75	О 80	П 85	Р 90
С 95	Т 100	У 101	Ф 111	Х 200	Ц 222

3. *Translate the following sentences into English.*

   1. Хоти́те ча́ю, ко́фе, минера́льную во́ду или во́дку?

   2. Како́е сего́дня число́?

   3. Сего́дня два́дцать девя́тое апре́ля.

   4. Извини́те, пожа́луйста. Здесь есть туале́т?

   5. Когда́ вы бу́дете свобо́дны?

   6. Мы бу́дем свобо́дны во вто́рник, в шесть часо́в ве́чера.

   7. По пути́ к Воло́де Ната́ша купи́ла газе́ту.

8. Воло́дя дал Ната́ше ко́пии америка́нских рекла́мных проспе́ктов.

9. Ра́ньше я пил ча́й по утра́м, а тепе́рь я пью минера́льную во́ду.

10. Воло́дя дал Ната́ше проспе́кты, и она́ поду́мала, что они́ как раз то, что ей ну́жно.

4. *Translate the following sentences into Russian.*

1. Yesterday I was talking with Mike in the office.

2. Natasha walks to the bank every day.

3. I used to drink tea in the morning, but now I drink coffee.

4. The pen and the key are on the table.

5. Last year we travelled to New York every week.

6. I opened the door.

7. We have talked with Mike.

8. Soon I shall travel to Moscow every month.

5. *True or false?*

1. Воло́дя рабо́тает о́чень далеко́ от гости́ницы "Нева́."

2. Ната́ша е́дет к Воло́де на авто́бусе.

3. По пути́ она́ покупа́ет газе́ту.

4. Она́ не прихо́дит к Воло́де то́чно в полпя́того.

5. У Ната́ши немно́го рабо́ты.

6. Сего́дня Ната́ша не пила́ ко́фе.

7. У Воло́ди нет минера́льной воды́.

8. У Воло́ди есть ко́пии рекла́мных проспе́ктов из Аме́рики.

9. Сего́дня два́дцать пя́тое ноября́.

НАТА́ША ДЕ́ЛАЕТ ПОКУ́ПКИ
NATASHA DYELAYET PAKOOPKEE
NATASHA DOES SOME SHOPPING

Как мы уже́ зна́ем, у Ната́ши мно́го рабо́ты. Коне́чно, в Москве́ она́ покупа́ет проду́кты в магази́нах. Но у неё нет вре́мени стоя́ть в очередя́х, что́бы купи́ть оде́жду, о́бувь и други́е ве́щи.

Kak mi oozhye znayem, ooNatashee mnoga raboti. Kanyeshna, vMoskvye ana pakoopayet pradookti vmagazeenah. No oo nyeyo nyet vryemyenee stayat vachyeryedyah, shtobi koopeet adyezhdoo, oboof ee droogeeye vyeshchee.

As we already know, Natasha has a lot of work. Of course, in Moscow she buys groceries in the shops. But she doesn't have time to stand in lines in order to buy clothes, footwear and other things.

Сего́дня она́ всё ещё в Санкт-Петербу́рге. У неё есть немно́го свобо́дного вре́мени. Поэ́тому она́ реши́ла пойти́ по магази́нам и купи́ть себе́ мехову́ю ша́пку, перча́тки и сапоги́. У нас в Росси́и хо́лодно зимо́й! Ну́жно име́ть тёплые ве́щи, что́бы не замёрзнуть.

Syevodnya ana fsyo yeshcho fSankt-Pyetyerboorgye. Oonyeyo yest nyemnoga svabodnava vryemyenee. Paetamoo ana ryesheela paytee pamagazeenam ee koopeet syebye myehavooyoo shapkoo, pyerchatkee ee sapagee. Oonas vRassee-ee holadna zeemoy! Noozhna eemyet tyopliye vyeshchee, shtobi nye zamyorznoot.

Today she is still in St. Petersburg. She has a little free time. She has therefore decided to go around the shops and to buy herself a fur hat, gloves and boots. It's cold in winter here in Russia! [At us in Russia cold in winter] It's necessary to have warm things, in order not to freeze.

Сейчáс Натáша в магазúне "Гостúный Двор." Онá говорúт с продавцóм ...

Seychas Natasha vmagazeenye "Gasteeniy Dvor". Ana gavareet spradaftsom...

At present Natasha is in the "Gostini Dvor" shop. She is talking with a sales assistant ...

Натáша	Пожáлуйста, покажúте мне эти сапогú.
	Pazhalsta, pakazheetye mnye etee sapagee.
	Show me those boots, please.

Продавéц	Какúе?
	Kakiye?
	Which ones?

Натáша	Вот те чёрные, в углý.
	Vot tye chyorniye, voogloo.
	Those black ones, in the corner.

Продавéц	Вот эти?
	Vot etee?
	These?

Натáша	Да, спасúбо. Скóлько онú стóят?
	Da, spaseeba. Skolka anee stoyat?
	Yes, thank you. How much are they?

Продавéц	Двáдцать пять тысяч.
	Dvatsat pyat tisyach.
	Twenty-five thousand (roubles).

Натáша	Ой, дóрого! У вас есть подешéвле?
	Oy, doraga! Oovas yest padyeshyevlye?
	Oh! Expensive! Do you have any cheaper?

Продавец	Да. Вот э́ти стоя́т двена́дцать ты́сяч.
	Da. Vot etee stoyat dvyenatsat tisyach.
	Yes. These cost twelve thousand.
Ната́ша	Хорошо́. А мо́жно посмотре́ть э́ти перча́тки?
	Harasho. A mozhna pasmatryet etee pyerchatkee?
	Good. And can I have a look at those gloves?
Продавец	Чёрные?
	Chyorniye?
	The black ones?
Ната́ша	Нет, кра́сные, пожа́луйста.
	Nyet, krasniye, pazhalsta.
	No, the red ones, please.
Продавец	Пожа́луйста.
	Pazhalsta.
	Here you are. (Please.)
Ната́ша	Спаси́бо. Ду́маю, э́ти мне подойду́т. И ещё покажи́те мне, пожа́луйста, ша́пку.
	Spaseeba. Doomayoo, etee mnye padaydoot. Ee yeshcho pakazheetye mnye, pazhalsta, shapkoo.
	Thank you. I think these will suit me. Please also show me a fur hat.
Продавец	Из ли́сьего ме́ха? И́ли из песца́?
	Eezleesyevo myeha? Eelee eezpyestsa?
	Fox fur? Or Arctic fox?
Ната́ша	Из ры́жей лисы́. Ско́лько она́ сто́ит?
	Eezrizhyey leesi. Skolka ana stoeet?
	Red fox. How much does it cost?
Продавец	Два́дцать пять ты́сяч.
	Dvadtsat pyat tisyach.
	Twenty-five thousand.
Ната́ша	Я возьму́ её, хоть и до́рого. Она́ така́я краси́вая и тёплая! И, коне́чно, сапоги́ и перча́тки. Посчита́йте, пожа́луйста, всё вме́сте.
	Ya vazmoo yeyo, hot ee doraga. Ana takaya kraseevaya ee tyoplaya! Ee, kanyeshna, sapagee ee pyerchatkee. Pashcheetaytye, pazhalsta, fsyo vmyestye.

I'll take it, even though it's dear. It's so beautiful and warm! And of course the boots and gloves. Please add up everything. [all together]

Продавец   Ша́пка – два́дцать пять ты́сяч, перча́тки – две ты́сячи и двена́дцать ты́сяч за сапоги́. Всего́ три́дцать де́вять ты́сяч.
Shapka dvatsat pyat tisyach, pyerchatkee dvye tisyachee ee dvyenatsat tisyach zasapagee. Fsyevo treetsat dyevyat tisyach.
The hat, twenty-five thousand, the gloves, two thousand and twelve thousand for the boots. In all thirty-nine thousand.

Ната́ша   Плати́ть вам?
Plateet vam?
Should I pay you? [to pay to you?]

Продавец   Нет, в ка́ссу.
Nyet, fkasoo.
No, at the cash desk.

Ната́ша   А где ка́сса?
A gdye kasa?
And where is the cash desk?

Продавец   Вот там, нале́во.
Vot tam, nalyeva.
Over there, on the left.

Ната́ша   Спаси́бо.
Spaseeba.
Thank you.

GRAMMAR

THE TWO CONJUGATIONS OF RUSSIAN VERBS

Most Russian verbs belong to one of two groups: conjugation 1 or conjugation 2, depending on their endings.

CONJUGATION 1 VERBS, PRESENT TENSE

The present tense endings for conjugation 1 verbs are:
-у/-ю, -ешь (-ёшь), -ет (-ёт), (-ем), -ете (ёте), -ут /-ют.
For example: **писа́ть** "to write, to be writing" and **чита́ть** "to read, to be reading":

	писа́ть	чита́ть
	peesat	*cheetat*
я	пишу́	чита́ю
	peeshoo	*cheetayoo*
ты	пи́шешь	чита́ешь
	peeshyesh	*cheetayesh*
он она́ оно́	пи́шет	чита́ет
	peeshyet	*cheetayet*
мы	пи́шем	чита́ем
	peeshyem	*cheetayem*
вы	пи́шете	чита́ете
	peeshyetye	*cheetayetye*
они́	пи́шут	чита́ют
	peeshoot	*cheetayoot*

Here are a couple of similar conjugation 1 verbs, which are often confused by people learning Russian: **петь** "to sing, to be singing" and **пить** "to drink, to be drinking":

	петь	пить
	pyet	*peet*
я	пою́	пью
	payoo	*pyoo*
ты	поёшь	пьёшь
	payosh	*pyosh*
он она́ оно́	поёт	пьёт
	payot	*pyot*
мы	поём	пьём
	payom	*pyom*
вы	поёте	пьёте
	payotye	*pyotye*
они́	пою́т	пьют
	payoot	*pyoot*

Remember that the Russian present tense corresponds to both the English present continuous and the present simple. **Я рабо́таю** can be translated as "I am working" or as "I work," depending upon the context.

Remember also that only imperfective verbs can have a present tense. If an action is taking place *now*, it cannot have been completed or perfected!

CONJUGATION 2 VERBS, PRESENT TENSE

The present tense endings for conjugation 2 verbs are:
-ю, /-у, -ишь, -ит, -им, -ите, -ат/-ят.

Three frequently used conjugation 2 verbs are:

ходи́ть *hadeet* "to go", "to be going" (on foot).
говори́ть *gavareet* "to talk / say", "to be talking/saying".
крича́ть *kreechat* "to shout", "to be shouting"

These are declined as follows:

	ходи́ть	говори́ть	крича́ть
	hadeet	*gavareet*	*kreechat*
я	хожу́	говорю́	кричу́
	hazhoo	*gavaryoo*	*kreechoo*
ты	хо́дишь	говори́шь	кричи́шь
	hodeesh	*gavareesh*	*kreecheesh*
он она́ оно́	хо́дит	говори́т	кричи́т
	hodeet	*gavareet*	*kreecheet*
мы	хо́дим	говори́м	кричи́м
	hodeem	*gavareem*	*kreecheem*
вы	хо́дите	говори́те	кричи́те
	hodeetye	*gavareetye*	*kreecheetye*
они́	хо́дят	говоря́т	крича́т
	hodyat	*gavaryat*	*kreechat*

Note that **д** changes to **ж** in the first person singular of **ходи́ть.** The same applies to several conjugation 2 verbs ending in **-дить, -деть,** such as:

води́ть *vadeet* "to lead", "to be leading" (e.g. a child by the hand)
води́ть маши́ну *vadeet masheenoo* "to drive/be driving" a car
я вожу́ маши́ну *ya vazhoo masheenoo* I am driving a car
сиде́ть *seedyet* "to sit","to be sitting"; "to stay", "to be staying".
я сижу́ до́ма *ya seezhoo doma* I am sitting /staying at home
ви́деть *veedit* "to see","to be seeing".
я ви́жу его́ ка́ждый день *ya veezhoo yevo kazhdiy dyen* I see him every day.

Note also that the ending of the first person singular after **-ж, -ш, -ч, -щ** is always **-у**:

я **вяжу́** I am knitting **(вяза́ть), я служу́** I am serving (army, country) **(служи́ть)**

я **ношу́** I am wearing/carrying **(носи́ть), прошу́** I am asking **(проси́ть)**

я **молчу́** I am remaining silent **(молча́ть), учу́** I am learning/teaching **(учи́ть)**

я **чи́щу** I am cleaning **(чи́стить)**

Otherwise it is usually **-ю** but sometimes **-у**:

я **рабо́таю, гуля́ю, лета́ю, покупа́ю**

я **веду́** I am leading **(вести́), несу́** I am carrying **(нести́), кладу́** I am putting **(класть)**

A NOTE ON THE FUTURE TENSE

1. Imperfective verbs use the future of **быть** *bit* "to be", plus the infinitive to form the future tense. You saw an example in lesson 5, when Volodya said to Natasha: **Я бу́ду ждать вас ...** *ya boodoo zhdat vas* "I will wait for you."

2. As already pointed out , perfective verbs do not have a present tense. Their future tense is similar in form to the present tense of conjugation 1 or 2.

REFLEXIVE AND RECIPROCAL VERBS

Broadly speaking, a *reflexive* verb expresses an action which affects the subject. In English an equivalent is "oneself." The infinitive of these verbs ends in **-ться**:

умыва́ться
oomivatsa
to wash oneself, to get washed

я умыва́юсь
ya oomivayoos
I wash/am washing myself, I am getting washed

ты умыва́ешся
ti oomivayeshsya
you (thou)wash/are washing yourself, getting washed

он, она́ умыва́ется
on, ana oomivayetsa

he, she washes/is washing himself, herself, getting washed

мы умыва́емся
mi oomivayemsya
we wash/are washing ourselves, getting washed

они́ умыва́ются
anee oomivayootsa
They wash/are washing themselves, getting washed

A *reciprocal* verb has two or more agents and conveys the idea of the English phrase "one another." You saw a reciprocal verb in lesson 3, when Natasha said " I'm very happy to meet you." In Russian, because the action of meeting or being introduced has been completed, the meaning is "I'm very happy to have met you":

Я о́чень рад/ра́да познако́миться с ва́ми.
Ya ochyen rad/rada paznakomeetsa svamee

познако́миться *paznakomeetsa* "to have met, to have been introduced (to one another)" is the perfective form of the imperfective verb **знако́миться.**

Reflexive and reciprocal verbs are formed by adding **-ся** or **-сь** to the non-reflexive or non-reciprocal form, for example: **умыва́ть-умыва́ться, знако́мить-знако́миться.** After a consonant, **ь-** and **й-** , "**-ся**" is added. "**-сь**" is added after a vowel. Here are two examples, this time without transliteration:

Reflexive	*Reciprocal*
одева́ться to dress oneself	**знако́миться** to get to know someone
я одева́юсь	**я знако́млюсь**
ты одева́ешься	**ты знако́мишься**
он, она́ одева́ется	**он, она́ знако́мится**
мы одева́емся	**мы знако́мимся**
вы одева́етесь	**вы знако́митесь**
они одева́ются	**они знако́мятся**

Not all verbs ending in **-сь, -ся** are reflexive or reciprocal. For example:

находи́ть *nahadeet* to find
находи́ться *nahadeetsa* to be, to be situated, (to be found)
смея́ться *smyeyatsa* to laugh

In the dialog at the beginning of this lesson Natasha went shopping:

... купи́ть себе́ мехову́ю ша́пку ...
... koopit syebye myehavooyoo shapkoo ...
... to buy herself a fur hat ...

Себе́ in this phrase is the dative form of the word **себя́. Себя́** , the dictionary form, is the accusative. There is no nominative form of **себя́. Себя́** can mean myself, yourself, himself, herself, ourselves, yourselves and themselves. Note that there is *no separate plural form*, even though it can have a plural meaning.

Here is its declension, alongside that of **я**.

Nom.	я	———
Acc.	меня́	себя́
Gen.	меня́	себя́
Dat.	мне	себе́
Instr.	мно́й*	собо́й *
Prep.	мне	себе́

* Sometimes **мно́ю, собо́ю**
Here are some examples of the usage of **себя́**:
Я бу́ду ждать вас у себя́ в кабине́те.
Ya boodoo zhdat vas oosebya fkabeenyetye.
I will wait for you in my office. [at myself in office]
Вчера́ я купи́л себе́ но́вую ша́пку.
Fchyera ya koopeel syebye novooyoo shapkoo.
Yesterday I bought [to] myself a new hat.
Он уви́дел себя́ в зе́ркале.
On ooveedyel syebya vzyerkalye.
He saw himself in the mirror.
Я возьму́ э́ту кни́гу с собо́й.
Ya vazmoo etoo kneegoo ssaboy.
 I'll take this book with me.
Она́ всегда́ говори́т о себе́.
Ona fsyegda gavareet o syebye.
She always talks about herself.

1st **пе́рвый, -ая, -ое** *pyerviy,-aya,-aye*	6th **шесто́й, -а́я, -о́е** *shestoy,-aya,-oye*
2nd **второ́й, -а́я, -о́е** *ftaroy,-aya,-oye*	7th **седьмо́й, -а́я, -о́е** *syedmoy,-aya,-oye*
3rd **тре́тий, -ья,-ье** *tryeteey,-ya,-ye*	8th **восьмо́й, -а́я, -о́е** *vasmoy,-aya,-oye*
4th **четвёртый, -ая,-ое** *chyetvyortiy,-aya,-aye*	9th **девя́тый, -ая, -ое** *dyevyatiy,-aya,-aye*
5th **пя́тый, -ая, -ое** *pyatiy,-aya,-aye*	10th **деся́тый, -ая, -ое** *dyesyatiy,-aya,-aye*

In Russian, ordinal numbers decline like adjectives.

THE DECLENSION OF ORDINAL NUMBERS

	masculine the first house	feminine the second street	neuter the third window
Nom.	**пе́рвый дом** *pyerviy dom*	**втора́я у́лица** *ftaraya ooleetsa*	**тре́тье окно́** *tryetye akno*
Acc.	**пе́рвый дом** *pyerviy dom*	**втору́ю у́лицу** *ftarooyoo ooleetsoo*	**тре́тье окно́** *tryetye akno*
Gen.	**пе́рвого до́ма** *pyervava doma*	**второ́й у́лицы** *ftaroy ooleetsi*	**тре́тьего окна́** *tryetyeva akna*
Dat.	**пе́рвому до́му** *pyervamoo domoo*	**второ́й у́лице** *ftaroy ooleetse*	**тре́тьему окну́** *tryetyemoo aknoo*
Instr.	**пе́рвым до́мом** *pyervim domam*	**второ́й у́лицей** *ftaroy ooleetsey*	**тре́тьим окно́м** *tryetyeem aknom*
Prep.	**пе́рвом до́ме** *pyervam domye*	**второ́й у́лице** *ftaroy ooleetse*	**тре́тьем окне́** *tryetyem aknye*

VOCABULARY

поку́пка a purchase
де́лать поку́пки to go shopping [to be doing purchases]
магази́н shop, store
проду́кт product, grocery
за проду́ктами for food, groceries
стоя́ть (impf) to stand
о́чередь (f) line, queue
стоя́ть в о́череди to stand in line (prep singular)
оде́жда clothing
о́бувь (f) footwear
друго́й, -а́я, -о́е other
вещь (f) thing
реши́ть (perf) to decide
пойти́ (perf) to go
пойти́ по магази́нам to go around the shops
себя́ oneself
мехово́й, -а́я, -о́е fur, of fur
ша́пка fur hat
перча́тка glove
продаве́ц sales assistant
сапо́г boot
хо́лодно it is cold
зима́ winter
зимо́й in winter
ну́жно it is necessary
име́ть (impf) to have, to own
тёплый, -ая, -ое warm
замёрзнуть (perf) to freeze
показа́ть (perf) to show
кото́рый, -ая, -ое which
чёрный, -ая, -ое black
у́гол corner
в углу́ in the corner
ско́лько? how much?, how many?
сто́ить (impf) to cost, to be worth
дорого́й, -а́я, -о́е dear, expensive
до́рого it's expensive
дешёвый, -ая, -ое cheap
деше́вле cheaper
подеше́вле a bit cheaper
посмотре́ть (perf) to have a look at
кра́сный, -ая, -ое red

ду́мать (impf) to think
подходи́ть (impf) to suit, to match, to approach
подойти́ (perf) to suit, to match, to approach
ещё also, again
ли́сий, -ья, -ье fox
мех fur
из ли́сьего ме́ха of fox fur
песе́ц Arctic fox
из песца́ of Arctic fox
взять (perf) to take
брать (impf) to take
возьму́ I'll take
хоть even though
тако́й, -а́я, -о́е such, such a one, so
коне́чно of course
чита́ть (impf) to read
посчита́ть (perf) to calculate, to add up
всё all
вме́сте together
всего́ in all, of all
плати́ть (impf) to pay
ка́сса cash desk
нале́во on the left
петь (impf) to sing
пить (impf) to drink
крича́ть (impf) to shout
умыва́ться (impf) to wash oneself
одева́ться (impf) to dress oneself
знако́мить (impf) to introduce
знако́миться (impf) to meet, to be introduced, to get to know
познако́мить (perf) to introduce
познако́миться (perf) to meet, to be introduced
находи́ть (impf) to find
находи́ться (impf) to be, to be situated
смея́ться (impf) to laugh
ви́деть (impf) to see
уви́деть (perf) to see, to have seen
зе́ркало mirror
маши́на car

EXERCISES

1. Put these conjugation 1 verbs into the correct form of the present tense

1. Я (писа́ть)	**6.** Он (преподава́ть)	**11.** Мы (е́хать)
2. Они́ (чита́ть)	**7.** Я (знать)	**12.** Вы (де́лать)
3. Мы (петь)	**8.** Они́ (гуля́ть)	**13.** Я (петь)
4. Они́ (пить)	**9.** Она́ (понима́ть)	**14.** Они́ (отвеча́ть)
5. Вы (ждать)	**10.** Вы (идти́)	**15.** Я (слу́шать)

2. Put these conjugation 2 verbs into the present tense

1. Я (ходи́ть)	**6.** Они́ (крича́ть)	**11.** Они́ (звони́ть)
2. Они́ (говори́ть)	**7.** Я (смотре́ть)	**12.** Мы (покупа́ть)
3. Она́ (крича́ть)	**8.** Мы (спеши́ть)	**13.** Она́ (стоя́ть)
4. Мы (ходи́ть)	**9.** Он (лете́ть)	**14.** Я (ви́деть)
5. Вы (говори́ть)	**10.** Она́ (хоте́ть)	**15.** Я (води́ть)

3. Put the verb in brackets into the correct form

1. Мы (знать), что у Ната́ши мно́го рабо́ты .

2. Вчера́ они́ (стоя́ть) в о́череди в магази́не, что́бы купи́ть проду́кты.

3. Сейча́с Воло́дя (говори́ть) с Ната́шей.

4. Когда́ Ната́ша была́ в магази́не, продаве́ц (показа́ть) ей кра́сные перча́тки.

5. Вчера́ перча́тки (сто́ить) две ты́сячи, сего́дня они́ (сто́ить) три ты́сячи, а за́втра они́ (сто́ить) четы́ре ты́сячи.

6. Сейча́с Ната́ша (хоте́ть) купи́ть перча́тки.

7. Воло́дя не (знать), ско́лько сейча́с вре́мени.

8. Сейча́с Ната́ша (покупа́ть) ша́пку, сапоги́ и перча́тки, а продаве́ц (счита́ть), ско́лько всё (сто́ить).

9. Когда́ продаве́ц посчита́ла, Ната́ша (заплати́ть) в ка́ссу.

10. Хотя́ ша́пка сто́ила до́рого, Ната́ша (реши́ть) взять её.

4. Translate the following text into English

Бори́с рабо́тает недалеко́ от своего́ до́ма в Москве́. У него́ есть маши́на, но он хо́дит на рабо́ту пешко́м. Ка́ждое у́тро по пути́ в о́фис он покупа́ет газе́ту. Но вчера́ газе́т не́ было. Что он сде́лал? Он купи́л кни́гу. Он о́чень лю́бит чита́ть газе́ты, кни́ги и журна́лы. Он лю́бит кино́, но совсе́м не лю́бит смотре́ть телеви́зор: у него́ да́же телеви́зора нет.

Сейча́с зима́. На у́лице хо́лодно. Но Бори́су не хо́лодно, когда́ он хо́дит на рабо́ту. У него́ тёплая шу́ба, ли́сья ша́пка, шерстяны́е перча́тки и па́ра хоро́ших сапо́г.

журна́л (m) magazine *zhoornal*	про́шлый, -ая, -ое last *proshliy*
кино́ (n) movie theater *keeno*	да́же even *dazhye*
телеви́зор (m) television *tyelyeveezar*	шерстяно́й, -а́я, -о́е woolen *shyerstyanoy, -aya, -oye*
совсе́м completely, at all. *safsyem*	па́ра pair *para*
у́лица (f) street *ooleetsa*	на у́лице outside, on the street *naooleetse*
шу́ба (f) fur coat *shooba*	пешко́м on foot *pyeshkom*

5. Translate the following sentences into Russian

1. Every morning I buy a newspaper on my way to work.

2. Right now she is talking to Ivan.

3. Can I have a look at that hat, please?

4. I shall take it even though it's expensive.

5. Show me those gloves, please.

6. Can I have a look at that fur coat, please?

7. Today we have a little free time.

8. Where is the cash desk?

9. The cash desk is over there, on the left.

6. *True or false?*

1. У Ната́ши мно́го рабо́ты.

2. Чёрные сапоги́ в углу́ сто́ят два́дцать пять ты́сяч рубле́й.

3. В Росси́и не о́чень хо́лодно зимо́й.

4. Ната́ше хо́чется купи́ть кра́сные перча́тки.

5. Ната́ша покупа́ет чёрные перча́тки.

6. Ша́пка из ры́жей лисы́ сто́ит два́дцать пять ты́сяч.

7. Ната́ша пла́тит в ка́ссу.

8. В Росси́и ну́жно име́ть тёплые ве́щи, что́бы не замёрзнуть зимо́й.

УРÓК 9

ОБРÁТНО В МОСКВУ́ ПÓЕЗДОМ
ABRATNA VMASKVOO POYEZDAM
BACK TO MOSCOW BY TRAIN

Сегóдня пя́тница. Весь день прошёл в делáх и спéшке. А сейчáс
рабóта закóнчена. Всё сдéлано. Порá éхать домóй!
*Syevodnya pyatneetsa. Vyes dyen prashyol vdyelah ee spyeshkye. A
seychas rabota zakonchyena. Fsyo zdyelana. Para yehat damoy!*
Today is Friday. The whole day was spent working and rushing
around. [All day passed in works and hurry] But now the work is
finished. Everything is done. It's time to go home!

Натáша прилетéла в Санкт-Петербу́рг самолётом. Но обрáтный
билéт на самолёт ей купи́ть не удалóсь. Нé было мест. Поэ́тому
онá купи́ла билéт на пóезд. Э́тот пóезд называ́ется "Крáсная
Стрелá". Он идёт из Санкт-Петербу́рга в Москву́ кáждую ночь.
*Natasha preelyetyela fSankt-Pyetyerboorg samalyotam. No abratniy
beelyet nasamalyot yey koopeet nye oodalos. Nyebila myest.
Paetamoo ana koopeela beelyet na poyezd. Etat poyezd nazivayetsa*

"Krasnaya Stryela". On eedyot eesSankt-Pyetyerboorga vMaskvoo kazhdooyoo noch..

Natasha flew to St. Petersburg. But she didn't manage to buy a plane ticket back. [But return ticket on plane to her to buy not succeed.] There was no room. So she bought a ticket for the train. This train is called the "Red Arrow." It goes from St. Petersburg to Moscow every night.

В шесть часо́в ве́чера она́ хорошо́ пообе́дала с Воло́дей. Пото́м они́ немно́го гуля́ли по на́бережной Невы́. Зате́м Воло́дя проводи́л Ната́шу в гости́ницу. В гости́нице они́ попроща́лись.

Fshyest chasof vyechyera ana harasho pa-abyedala sValodyey. Potom anee nyemnoga Gulyalee pa nabyeryezhnoy Nyevi. Zatyem Valodya pravadeel Natashoo vgasteeneetsoo. Vgasteeneetse anee paprashchalees.

At six o'clock in the evening she had a nice meal [good dined] with Volodya. Then they strolled for a while on the embankment of the Neva. After that, Volodya accompanied Natasha to the hotel. They said goodbye in the hotel.

Сейча́с де́вять часо́в ве́чера. Ната́ша уже́ в по́езде, в двухме́стном купе́. Она́ разгова́ривает со свое́й попу́тчицей.

Seychas dyevyat chasov vyechyera. Natasha oozhye fpoyezdye, vdvooh-myestnam koope. Ana razgavareevayet sasvayey papootcheetsey.

It's now nine o'clock in the evening. Natasha is already on the train in a two-berth compartment. She is talking with her travelling companion.

Ната́ша	**До́брый ве́чер!**
	Dobriy vyechyer!
	Good evening.

Светла́на	**До́брый ве́чер! Нам е́хать вме́сте. Дава́йте знако́миться. Я – Светла́на Григо́рьевна Милосла́вская.**
	Dobriy vyechyer! Nam yehat vmyestye. Davaytye znakomeetsa. Ya Svyetlana Greegoryevna Meelaslavskaya.
	Good evening. We are travelling together. [To us to travel together.] Let's introduce ourselves. I am Svetlana Grigoryevna Miloslavskaya.

Ната́ша	**А я Ната́ша Петро́вна Ивано́ва ... Мо́жно чуть-чуть откры́ть окно́?**

A ya Natasha Pyetrovna Ivanova ... Mozhna choot-choot atkrit akno?

And I am Natasha Petrovna Ivanova ... Can I open the window just a little? [Possible hardly-hardly to open window.]

Светла́на	**Да, пожа́луйста. Здесь ужа́сно жа́рко ... Вы живёте в Санкт-Петербу́рге?**

Dah, pazhalsta. Zdyes oozhasna zharka. Vi zheevyotye fSankt-Pyetyerboorgye?

Yes, please do. It's terribly hot here. Do you live in St. Petersburg?

Ната́ша	**Нет, я была́ здесь в командиро́вке то́лько три дня. Я живу́ в Москве́. А вы?**

Nyet, ya bila zdyes fkamandeerofkye, tolka tree dnya. Ya zheevoo vMaskvye. A vi?

No, I was here on a business trip for just three days. I live in Moscow. And you?

Светла́на	**Я живу́ о́чень далеко́ отсю́да, в Ирку́тске. Я худо́жница и прие́хала посмотре́ть Эрмита́ж.**

Ya zheevoo ochyen dalyeko atsyooda, vEerkootskye. Ya hoodozhneetsa ee preeyehala pasmatryet Ermeetazh.

I live very far from here, in Irkutsk. I'm an artist, and I came to visit [to look at] the Hermitage.

Ната́ша	**Я была́ там то́лько оди́н раз. Э́то великоле́пно! Я бы с удово́льствием провела́ там це́лую неде́лю. Но нет вре́мени!**

Ya bila tam tolka adeen raz. Eta vyeleekalyepna! Ya bi soodavolstveeyem pravyela tam tsyelooyoo nyedyelyoo. No nyet vryemyenee!

I've been there only once. It's wonderful! I would gladly spend a whole week there. But there's no time!

Светла́на	**Жаль! А я была́ там почти́ ка́ждый день в тече́ние це́лого ме́сяца. И всё равно́ бы́ло ма́ло – хоте́лось ещё бо́льше. Там так мно́го экспона́тов! И все шеде́вры!**

Zhal! A ya bila tam pachtee kazhdiy dyen ftyechyeneeye tsyelava myesyatsa. Ee fsyo ravno bila mala – hatyelas yeshcho bolshye. Tam tak mnoga ekspanataf. Ee fsye shyedyevri!

What a pity! And I was there almost every day for a whole month. [in the course of a whole month.] All the same, it was too little – I wanted even more. There are so many exhibits there. And they're all masterpieces!

Наtáша Да, прáвда ... А как вы поéдете домóй?
Da, pravda ... A kak vi payedyete damoy?
Yes, that's true ...And how will you get [travel] home?

Светлáна Ох, э́то слóжный вопрóс! Из Москвы́ вылетáю самолётом в Иркýтск. Потóм из аэропóрта поéду на автóбусе в центр гóрода. Затéм возьмý таксú и́ли чáстную маши́ну до начáла моéй óчень дли́нной ýлицы. Там дорóга такáя плохáя, что маши́не не проéхать. Дáже лéтом. А сейчáс, когдá снег ...
Oh, eta slozhniy vapros! Eez Maskvi vilyetayoo samalyotam vEerkootsk. Patom eezaeraporta payedoo na-aftoboosye ftsyentr gorada. Zatyem vazmoo taksee eelee chastnooyoo masheenoo da nachala mayey ochyen dleenay ooleetsi. Tam daroga takaya plahaya, shto masheenye nye prayehat. Dazhye lyetam. A seychas, kagda snyeg ...
Oh, that's a difficult question! From Moscow I shall fly to Irkutsk. [fly out by plane to] Then from the airport I'll go by bus to the center of town. Then I'll take a taxi or a private car to the beginning of my very long street. The road there is so bad that a car can't get through. [There road so bad, that to car not to go through.] Even in summer. And now, when there's snow ...

Наtáша А что же вы бýдете дéлать?
Ah shtozhye vi boodyetye dyelat?
But what on earth will you do?

Светлáна К счáстью, Бог дал мне две ноги́. Э́то сáмый надёжный трáнспорт. Я пойдý пешкóм!
Kschastyoo, Bog dal mnye dvye nagee. Eta samiy nadyozhniy transport. Ya paydoo pyeshkom.
Fortunately, God gave me two legs. That's the most reliable transport. I'll walk. [I will go on foot.]

GRAMMAR

THE IMPERATIVE

In this lesson we have the imperative **давáйте** *davaytye* "let us", "let's". It comes from the verb **давáть** *davat* which can be translated in a number of ways: "to give," "to allow" and "to let."

Давáйте allow, let, is usually followed by another verb:

давáйте знакóмиться
davaytye znakomeetsa
let's introduce ourselves

давáйте начнём наш урóк
davaytye nachnyom nash oorok
let's start our lesson

садúтесь, пожáлуйста
sadeetyes, pazhalsta
sit down, please

посмотрúте
pasmatreetye
look

идúте сюдá
eedeetye syooda
come here

извинúте
eezveeneetye
excuse me

покажúте
pakazheetye
show

All imperatives are in the "you" form which, in Russian as in English, can refer to one or more people. There is also a familiar, "thou" form, which we also give below.

THE FORMATION OF THE IMPERATIVE

When the stem of a conjugation 1 or 2 verb ends in a *vowel* in the second person singular of the present tense, or future of the perfective, the singular "thou" imperative is formed by adding **-й** and the "you" form by adding **-йте** to that stem:

Stem	Imperative	
	Singular	Plural
посчита́- ешь	**посчита́й** add up	**посчита́йте** add up
pascheeta- yesh	*pascheetay*	*pascheetaytye*
чита́- ешь	**чита́й** read	**чита́йте** read
cheeta- yesh	*cheetay*	*cheetaytye*
рабо́та- ешь	**рабо́тай** work	**рабо́тайте** work
rabota- yesh	*rabotay*	*rabotaytye*
ду́ма- ешь	**ду́май** think	**ду́майте** think
dooma-yesh	*doomay*	*doomaytye*
сто -йшь	**сто́й** stand/halt	**сто́йте** stand/halt
sta -eesh	*stoy*	*stoytye*

When the stem ends in a consonant, **-и, -ите** are added:

Stem	Imperative	
	Singular	Plural
говор -йшь	**говори́** speak	**говори́те** speak
gavar -eesh	*gavaree*	*gavareetye*
ска́ж -ешь	**скажи́** say/tell	**скажи́те** say/tell
skazh - esh	*skazhee*	*skazheetye*
ку́п -ишь	**купи́** buy	**купи́те** buy
koop -eesh	*koopee*	*koopeetye*
ку́р -ишь	**кури́** smoke	**кури́те** smoke
koor -eesh	*kooree*	*kooreetye*
реш -йшь	**реши́** decide	**реши́те** decide
ryesh -eesh	*ryeshee*	*ryesheetye*

Reflexive and reciprocal verbs add **-йся, -йтесь; -ись, -итесь:**

одева́ -ешься	**одева́йся** get dressed	**одева́йтесь** get dressed
adyeva- yeshsya	*adyevaysya*	*adyevaytyes*
подпи́ш -ешься	**подпиши́сь** sign	**подпиши́тесь** sign
padpeesh - yeshsya	*padpeeshees*	*padpeesheetyes*

ХОТЕ́ТЬ - TO WANT/TO WISH

This verb is conjugation 1 in the singular and conjugation 2 in the plural. It is worth making the effort to learn it.

Present tense

Singular	Plural
я хочу́ I want	**мы хоти́м** we want
ya hachoo	*mi hateem*
ты хо́чешь you (thou) want	**вы хоти́те** you want
ti hochyesh	*vi hateetye*
он, она́, оно́ хо́чет he, she, it wants	**они́ хотя́т** they want
on, ana, ano hochyet	*anee hatyat*

You will already have seen these examples in earlier lessons:

Я пое́ду с ва́ми, е́сли хоти́те.

Ya payedoo svamee, yeslee hateetye.

I will go with you if you wish.

Я хочу́ помо́чь вам ...

Ya hachoo pamoch vam...

I want to help you... [to help to you]

Воло́дя, я хочу́ спроси́ть ...

Valodya, ya hachoo spraseet ...

Volodya, I want to ask ...

Хоти́те ча́ю?

Hateetye chayoo?

Would you like some tea? [want tea?]

The past tense of **хоте́ть** is regular:

Singular	Plural
я хоте́л I wanted	**мы хоте́ли** we wanted
ya hatyel	*mi hatyelee*
ты хоте́л you (thou) wanted	**вы хоте́ли** you wanted
ti hatyel	*vi hatyelee*
он хоте́л he wanted	
on hatyel	
она́ хоте́ла she wanted	**они́ хоте́ли** they wanted
ana hatyela	*anee hatyelee*
оно́ хоте́ло it wanted	
ano hatyela	

ХÓЧЕТСЯ – TO WANT/TO FEEL LIKE

Some reflexive verbs can be used in an "impersonal" sense to describe an inclination or desire when they follow the dative case of **я, ты, он, онá, онó, мы, вы, они**. A particularly useful expression is **хóчется** [it wants] which is derived from the imperfective verb **хотéтсья** and expresses the idea of "feeling like" or "wanting" to do something. **Мне хóчется** therefore means "to me it wants" = "I want, I feel like." In lesson 4, Paul says:

Мне óчень хóчется побывáть в Санкт-Петербýрге.
Mnye ochyen hochyetsa pabeevat fSankt-Pyetyerboorgye.
I really want to spend some time in St. Petersburg.
[To me it very much wants to spend some time in St. Petersburg.]

Similarly:

Мне хóчется есть.
Mnye hochyetsa yest.
I want to eat = I am hungry

Им хóчется спать.
Eem hochyetsa spat.
They want to sleep = they are sleepy

Нам хóчется читáть.
Nam hochyetsa cheetat.
We feel like reading.

Note that the form **хóчется** is the same for all persons in both the present tense and in the past tense (**хотéлось**):

Емý хотéлось побывáть в ...
Yemoo hatyelas pabeevat v...
He wanted to spend some time in ...

Ей хотéлось купúть перчáтки.
Yey hatyelas koopeet pyerchatkee.
She wanted to buy some gloves.

Нам хотéлось пойтú в кинó.
Nam hatyelas paytee fkeeno.
We wanted to go to the movie theater.

Sometimes the person is omitted, as in this lesson, when Svetlana says:

И всё равнó бы́ло мáло – хотéлось ещё бóльше.
Ee fsyo pavno bila mala – hatyelas yeshcho bolshye.
All the same it was too little – (I) wanted even more.

THE CONDITIONAL MOOD: БЫ: WOULD

In lesson 5, Natasha says:

Мы хотéли бы создáть совмéстное предприя́тие ...
Mi hatyelee bi sazdat savmyestnaye predpreeyateeye ...
We would like to set up a joint venture ...

This is an example of the conditional verb construction, which has only one tense in Russian. It is formed by adding **бы** to the past tense of a perfective or imperfective verb, and can have a present, future or past meaning, depending on the context.

In this lesson, Natasha says:

Я бы с удовóльствием провелá там цéлую недéлю.
Ya bi soodavolstveeyem pravyela tam tsyelooyoo nyedyelyoo.
I would happily [with pleasure] spend a whole week there.

ORDINAL NUMBERS 11TH–20TH

11th **одúннадцатый** *adeenatsatiy*	12th **двенáдцатый** *dvyenatsatiy*	13th **тринáдцатый** *treenatsatiy*
14th **четы́рнадцатый** *chyetirnatsatiy*	15th **пятнáдцатый** *pyatnatsatiy*	16th **шестнáдцатый** *shyestnatsatiy*
17th **семнáдцатый** *syemnatsatiy*	18th **восемнáдцатый** *vasyemnatsatiy*	19th **девятнáдцатый** *dyevyatnatsatiy*
20th **двадцáтый** *dvatsatiy*		

The ordinal numbers given above are formed by removing the soft sign from the end of the cardinal equivalent, and adding the adjectival endings **-ый, -ая, -ое**

For example:

20 **двáдцать** ... двадцат - (ь) + (ый) = 20th **двадцáтый**
Note that the stress changes for 20/20th.

NOTE ON STRESS

In lesson 1 we mentioned that the stress changes in certain set expressions. In the dialog, Natasha could not get a return ticket on the plane because **нé было мест**, "there was no room." In this and in similar negative constructions, the stress moves onto **нé** from **был**, **былá**, **бы́ло**, **бы́ли** and the pronunciation is "nyebil," "nyebila," etc.

VOCABULARY

обра́тно back (direction, movement)
проходи́ть (impf) to travel through, to pass (of time)
в дела́х on business, working
спе́шка a rush
в спе́шке in a hurry, in the rush
зако́нченный, -ая, -ое finished
зако́нчен, -а, -о finished (short form of adjective)
сде́ланный, -ая, -ое done, finished
сде́лан, -а, -о (short form) done, finished
пора́ it is time
прилета́ть (impf) to fly to, to arrive by air
ме́сто (n) place, seat
обе́дать (impf) to dine, to have dinner
пообе́дать (perf) to dine, to have dined
рестора́н restaurant
бе́лый, -ая, -ое white
пото́м then
на́бережная embankment, quay, waterfront
по на́бережной on/along the bank
зате́м after that
проводи́ть (perf) to accompany, to take (on foot), to see off
попроща́ться (perf) to say goodbye
двухме́стный two-berth
купе́ (n) compartment
разгова́ривать (impf) to talk, to chat
попу́тчик (m) travelling companion
попу́тчица (female) travelling companion
до́брый, -ая, -ое good, kind
дава́йте знако́миться let's introduce ourselves
чуть-чуть just a little, a tiny bit
откры́ть (perf) to open
ужа́сно terribly
жа́ркий, -ая, -ое hot
даль (f) distance, expanse
далёкий, -ая, -ое distant, remote
худо́жник (m) artist
худо́жница (f) artist
посмотре́ть (perf) to look at, to see
оди́н раз one time, once
великоле́пный, -ая, -ое wonderful, splendid, magnificent
великоле́пно wonderfully, it's wonderful/splendid/magnificent
провести́ (perf) to spend time

це́лый, -ая, -ое whole, all

жаль! a pity!

почти́ almost

тече́ние (n) flow, course (of time); trend; current (river, etc.)

в тече́ние during

всё равно́ all the same, in any case

мне всё равно́ it's all the same to me

ма́ло little

экспона́т (m) exhibit

мно́го экспона́тов a lot of exhibits

шеде́вр masterpiece (from the French "chef-d'oeuvre")

пра́вда truth; it is true

сло́жный, -ая. -ое difficult, complicated

центр center

го́род town

взять (perf) to take

возьму́ такси́ (I) will take a taxi

ча́стный, -ая, -ое private

маши́на car

нача́ло beginning, start

дли́нный, -ая, -ое long

плохо́й, -а́я, -о́е bad

тако́й, -а́я, -о́е so, such, such a one

прое́хать (perf) to go through (by transport)

маши́не не прое́хать a car can't get through [to car not to go through]

ле́то summer

ле́том in summer

снег snow

сча́стье (n) happiness, good fortune

к сча́стью fortunately, happily

Бог God

нога́ leg, foot

надёжный, -ая, -ое reliable, trusty

са́мый, -ая, -ое the most

тра́нспорт transport

EXERCISES

1. *Here are some more words which have been adopted into the Russian language. Translate them into English.*

   1. факс

   2. калькуля́тор

   3. видеокассе́та

   4. аудиокассе́та

   5. компью́тер

   6. телефо́н

   7. ксе́рокс

   8. музыка́льный центр

   9. при́нтер

   10. ка́ртридж

   11. пло́ттер

   12. ска́нер

   13. радиотелефо́н

   14. автомоби́ль

2. *Put the following part-sentences into Russian, and complete them with details about yourself where necessary.*

   1. Good evening. Let's introduce ourselves.

   2. I am (my name is) .... and who are you?

   3. I'm a/an .... (nationality).

   4. I was born in .... (place of birth).

   5. I work ....

6. I like ....

7. I don't like ....

8. I am studying Russian.

3. Я хотел бы ... / мне хотелось бы ...

Translate the following sentences into English.

1. **Я хотел бы открыть окно.**

2. **Мы хотели бы создать фирму в Минске.**

3. **Ему хотелось бы быть там каждый день.**

4. **Она хотела бы купить газету.**

5. **Ей хотелось бы выпить минеральной воды.**

6. **Они хотели бы пойти по магазинам.**

7. **Им хотелось бы жить в Америке.**

8. **Мне хотелось бы хорошо говорить по-русски.**

9. **Я хотел бы поехать домой.**

10. **Хотели бы вы работать в Москве?**

4. Put the the following sentences into the present tense.

1. **Он ехал домой.**

2. **Она покупала билет.**

3. **Они гуляли по набережной Невы.**

4. **Они прощались в гостинице.**

5. **Светлана была в двухместном купе в поезде.**

6. **Наташа и Светлана разговаривали об Эрмитаже.**

7. **Светлана жила в Иркутске.**

8. Мы обéдали в рестора́не.

9. Что вы бу́дете де́лать?

5. *True or false?*

1. Ната́ша поéхала в Санкт-Петербу́рг по́ездом.

2. Она́ купи́ла обра́тный биле́т на самолёт.

3. Ната́ша поéдет домо́й в Москву́ на по́езде "Кра́сная Стрела́."

4. Ната́ша пообе́дала с Воло́дей в шесть часо́в ве́чера.

5. Ната́ша с Воло́дей пло́хо пообе́дали в рестора́не.

6. По́сле обе́да Ната́ша с Воло́дей погуля́ли по на́бережной Невы́.

7. Светла́на Григо́рьевна живёт в Ми́нске.

8. В купé бы́ло хо́лодно.

9. Ната́ша откры́ла окно́.

10. Светла́на бухга́лтер.

11. Ната́ша была́ в Эрмита́же то́лько оди́н раз.

12. Светла́на никогда́ не была́ в Эрмита́же.

ПИСЬМО́ В АМЕ́РИКУ
PEESMO VAMYEREEKOO
A LETTER TO AMERICA

Сейча́с Ната́ша нахо́дится в кабине́те своего́ нача́льника. Они́ обсужда́ют письмо́ к Ма́йку Ро́джерсу.

Seychas Natasha nahodeetsa fkabeenyetye svayevo nachalneeka.
Anee apsoozhdayoot peesmo kMaykoo Rodzhersoo.

Right now, Natasha is in the office of her boss. They are discussing a letter to Mike Rogers.

Ната́ша	**Вот чернови́к письма́ к господи́ну Ро́джерсу.** *Vot chyernaveek peesma k gaspadeenoo Rodzhersoo.* Here is a draft of the letter to Mr Rogers.
Ники́та	**Посмо́трим. Хмм ... Зна́чит, он прилета́ет к нам пе́рвого ма́рта?** *Pasmotreem. Hmm. ... Znacheet, on preelyetayet knam pyervava marta?*

Let's have a look. Hmm … So, he's coming to us on the first of March? [It means, he will fly to us of the first of March?]

Ната́ша   Да, так мы договори́лись по телефо́ну.
Da, tak mi dagavareelees patyelyefonoo.
Yes, as we agreed on the phone.

Ники́та   А ви́за у него́ уже́ есть?
Aveeza oonyevo oozhye yest?
And does he have a visa? [And visa at him already is?]

Ната́ша   Пока́ нет, но я пошлю́ приглаше́ние с э́тим письмо́м.
Paka nyet, no ya pashlyoo preeglyashyeneeye setim peesmom.
Not yet, but I'll send an invitation with this letter.

Ники́та   Где он бу́дет жить?
Gdye on boodyet zheet?
Where will he stay? [live]

Ната́ша   Он остано́вится в гости́нице "Звезда́." Для него́ уже́ заброни́рован но́мер.
On astanoveetsa vgasteeneetse "Zvyezda." Dlya nyevo oozhye zabraneeravan nomyer.
He'll stay at the Star hotel. A room is already booked for him. [For him already booked number]

Ники́та   Ско́лько он здесь пробу́дет?
Skolka on zdyes praboodyet?
How long will he stay here?

Ната́ша   Это бу́дет зави́сеть от того́, как пойду́т перегово́ры. Но, по-мо́ему, не ме́нее двух неде́ль.
Eta boodyet zaveesyet attavo, kak paydoot pyeryegavori. No, pa-moyemoo, nye myenyeye dvooh nyedyel.
That will depend on how the negotiations go. But in my opinion, not less than two weeks.

Ники́та   Ну, хорошо́. Спаси́бо. А! Оди́н вопро́с! Вы называ́ете его́ в письме́ "Майк." Вы с ним уже́ встреча́лись ра́ньше?
Noo, harasho. Spaseeba. A! Adeen vapros! Vi nazivayetye yevo fpeesmye "Mayk." Vi sneem oozhye fstryechalees ranshye?

O.K. then. Thanks. Oh! A question! You call him "Mike" in the letter. Have you already met him? [You with him already met earlier?]

Ната́ша   Да нет. Мы не́сколько раз говори́ли по телефо́ну. Но америка́нцы таки́е коммуника́бельные и просты́е! Он сра́зу же на́чал называ́ть меня́ "Ната́ша". А когда́ я обраща́юсь к нему́ "Ми́стер Ро́джерс", он всегда́ смеётся: "Я ещё не совсе́м ста́рый! Зови́те меня́ Майк!"

Da nyet. Mi nyeskalka raz gavareelee patyelyefonoo. No amyereekantsi takeeye kamooneekabyelniye ee prastiye! On srazoozhye nachal nazivat menya "Natasha." A kagda ya abrashchayoos knyemoo "Meestyer Rodzhers," on fsyegda smyeyotsa: "Ya yeshcho nye safsyem stariy! Zaveetye menya "Mayk"!

Oh, no. We spoke on the phone a few times. But Americans are so approachable and easy going! He straight away started to call me "Natasha." And when I address him as "Mr. Rogers," he always laughs, "I'm not that [completely] old! Call me 'Mike.'"

Ники́та   Ну, ла́дно. Спаси́бо, Ната́лья Петро́вна.

Noo, ladna. Spaseeba, Natalya Pyetrovna.

Well thats fine. Thanks, Natalia Petrovna.

ВОТ ПИСЬМО́ НАТА́ШИ МА́ЙКУ:
VOT PEESMO NATASHEE MAYKOO:
HERE IS THE LETTER FROM NATASHA TO MIKE:

Московский Центральный Банк
Россия
115726 Москва
54 6 252 ул Ленина

Дорогóй Мáйк!
Daragoy Mayk!
Dear Mike!

Я и мой коллéги надéемся, что Ваш визи́т состои́тся, как мы и договори́лись, 1-го мáрта.
Ya ee maee kalyegee nadyeyemsa, shto vash veezeet sastaeetsa, kak mi ee dagavareelees, pyervava marta.
I and my colleagues hope that your visit will take place just as we agreed, on March 1st.

Я бýду встречáть Вас в аэропортý Шеремéтьево-2. В рукáх у меня́ бýдет табли́чка с Вáшим и́менем. Нóмер в гости́нице бýдет закáзан для Вас зарáнее.
Ya boodoo fstryechat vas vaerapartoo Shyeryemyetyeva-dva. Vrookah oomenya boodyet tableechka svasheem eemyenyem. Nomyer vgasteeneetse boodyet zakazan dlya vas zaranyeye.
I shall meet you at [in the airport] Sheremetyevo 2. I will be holding [In my hands will be] a card with your name. A hotel room will be booked for you in advance.

Посылáю Вам официáльное приглашéние. Онó необходи́мо для получéния ви́зы. Вы должны́ обрати́ться за ви́зой в Росси́йское кóнсульство. Там Вам вы́дадут две анкéты, котóрые нáдо бýдет запóлнить (дáта и мéсто рождéния, домáшний áдрес, мéсто рабóты и т.п.).
Pasilyayoo vam afeetseealnaye preeglashyeneeye. Ano nyeaphadeema dlyapaloochyeneeya veezi. Vi dalzhni abrateetsa za veezay vRaseeyskaye konsoolstva. Tam vam vidadoot dvye ankyeti, katoriye nada boodyet zapolneet (data ee myesta razhdyeneeya, damashneey adryes, myesta raboti ee. te. pe.).
I am sending you an official invitation. It is essential for obtaining a visa. You must apply for the visa at the Russian Consulate. There, they will give you two questionnaires, which it will be necessary to complete (date and place of birth, home address, place of work, etc.).

Оформлéние ви́зы не должнó заня́ть мнóго врéмени.
Afarmlyeneeye veezi nye dalzhno zanyat mnoga vryemyenee.
The preparation of the visa should not take long [much time].

Ждём встрéчи с Вáми.
Zhdyom fstryechee svamee.
Looking forward to seeing you. [We are awaiting the meeting with you.]

С и́скренним уважéнием,
Seeskryeneem oovazhyeneeyem,
With sincere respect

Натáша.

GRAMMAR

RUSSIAN ADDRESSES

Here is the address of the bank again, this time with the stress marks. About the only place you will find stress marks in Russian texts for Russians is in dictionaries.

Моско́вский Центра́льный Банк
Росси́я
115726 Москва́
54 6 252 ул Ле́нина

Russians living in towns almost all live in apartments. An apartment building is called **дом**, which can mean "home," "house" or "building". An apartment, an office or even a shop is in a **дом**.

Natasha lives in an apartment. Her address is:

Росси́я,	Russia,
117192 Москва́,	117192 Moscow,
ул. Ми́ра,	Street of Peace
дом 55, ко́рпус 6, кварти́ра 15,	Building 55, Block 6, Apartment 15
Ивано́вой Н. П.	(To) Ivanova N. P.

117192 is the postcode in Moscow. **ул.** is short for **у́лица**, street. **Дом 55** is the building in which Natasha lives. However, there may be several buildings in Peace Street with the same number! So the address contains the **ко́рпус** or block number, 6. This is followed by the apartment number, 15. Then Natasha's family name, **Ивано́ва**, is given in the dative case, **Ивано́вой**, as the letter is being sent *to* her.

Note: in letters, **Вы** is usually written with a capital.

MONTHS OF THE YEAR

They are all masculine. They only start with a capital letter at the beginning of a sentence.

янва́рь January *yanvar*	**май** May *my* (as in "my son")	**сентя́брь** September *syentyabrya*
февра́ль February *fyevral*	**ию́нь** June *eeyoon*	**октя́брь** October *aktyabr*
март March *mart*	**ию́ль** July *eeyool*	**ноя́брь** November *nayabr*
апре́ль April *apryel*	**а́вгуст** August *avgoost*	**дека́брь** December *dyekabr*

Note how the stress changes when these months are in the prepositional case:

в январе́	в феврале́	в ма́рте	в апре́ле
vyanvarye	*vfyevralye*	*vmartye*	*vapryelye*
в ма́е	в ию́не	в ию́ле	в а́вгусте
vmaye	*vyoony*	*vyoolye*	*vavgoostye*
в сентябре́	в октябре́	в ноябре́	в декабре́
vsyentyabrye	*vaktyabrye*	*vnayabrye*	*vdyekabrye*

DATES IN RUSSIAN

Russians use the neuter form of an ordinal number, followed by the name of the month *in the genitive*, to give the date. This is because the word **число́** – date – is "understood," and it requires the neuter form of the ordinal: **пе́рвое (число́) января́** the first (date) of January.

Here are some examples:

пе́рвое января́ the first of January
pyervaye yanvarya
второ́е февраля́ the second of February
ftaroye fyevryalya
тре́тье ма́рта the third of March
tryetye marta
четвёртое апре́ля the fourth of April
chyetvyortoye apryelya
деся́тое октября́ the tenth of October
dyesyataye aktyabrya

To indicate a specific date in Russian, "on the first of … ," etc., the genitive of the ordinal is used, followed by the genitive of the month. In this lesson, Nikita said: **он прилета́ет к нам пе́рвого ма́рта?** "he is coming to us (by air) <u>on the first</u> [of the first] of March?" **пе́рвого** is the genitive of **пе́рвое**.

Here are some examples:

пя́того ма́я
pyatava maya
on the fifth of May

седьмо́го ию́ля
syedmova eeyoolya
on the seventh of July

девя́того сентября́
dyevyatava syentyabrya
on the ninth of September

двена́дцатого декабря́
dvyenadtsatava dyekabrya
on the twelfth of December

VOCABULARY

обсужда́ть (impf) to discuss
черновик (m) a draft
е́сли if
вноси́ть (impf) to enter, register
необходи́мый, -ая, -ое unavoidable, necessary
измене́ние a change
компью́тер computer
догова́риваться (impf) to agree
договори́ться (perf) to agree
телефо́н telephone
по телефо́ну on the phone, by phone
ви́за visa
пока́ until
пока́ нет not yet
посыла́ть (impf) to send
приглаше́ние invitation
остана́вливать (impf) to stop (somebody/thing),
останови́ть (perf) to stop (somebody/thing),
остана́вливаться (impf) to stop, to stay
останови́ться (perf) to stop, to stay
звезда́ star
брони́ровать (impf) to reserve, to book
заброни́ровать (perf) to reserve, to book
ско́лько? how much/many/long?
пробы́ть (perf) to stay, to live through (for a certain amount of time)
ско́лько вре́мени он здесь пробу́дет? How long [for how much time] will he be here?
зави́сеть (impf) to depend (on)
зави́сеть от того́, как ... to depend on how... [to depend on that, how...]
перегово́ры negotiations, talks
иду́т перегово́ры negotiations are going on/taking place
по-мо́ему in my opinion

не ме́нее not less
называ́ть to call, to address (someone)
да нет oh, no (stronger than **нет**) (yes no!)
не́сколько a few, several
не́сколько раз several times
коммуника́бельный, -ая, -ое approachable
просто́й, -а́я, -о́е simple, straightforward, easy going
сра́зу at once, straight away, immediately
же no specific meaning: it serves to emphasize another word
обраща́ться (impf) to address (someone) frequently
обрати́ться (perf) to address (someone)
совсе́м completely
звать to call (a name)
зови́те call (imperative)
ла́дно right, all right, fine
колле́га colleague (male or female)
наде́яться (impf) to hope
визи́т a visit
состоя́ться (perf) to take place
встре́ча (f) meeting, get together
встреча́ть (impf) to meet
встре́тить (perf) to meet
в рука́х in (one's) hands
табли́чка a card, small poster
с и́менем with the first name
но́мер number, room
зака́з an order
зака́зан booked, ordered
зака́зывать (impf) to book, to order
заказа́ть (perf) to book, to order
ра́но early
зара́нее in advance, earlier
официа́льный, -ая -ое official
необходи́мый, -ая -ое unavoidable, necessary
необходи́мо unavoidable, necessary
получе́ние (n) acquisition, obtaining
росси́йский, -ая, -ое Russian (pertaining to the Russian state)
ко́нсульство consulate
выдава́ть (impf) to hand out, to give, to issue
вы́дать (perf) to hand out, to give, to issue
анке́та questionnaire
заполня́ть (impf) to fill, to fill up, to complete (a form)
запо́лнить (perf) to fill, to fill up, to complete (a form)
да́та date

рождéние birth
домáшний, -ая, -ее home
мéсто рабóты place of work
оформлéние (n) preparation, processing
занимáть (impf) to take up, to occupy
занять (perf) to take up, to occupy
ждать (impf) to wait, to await
úскренний, -ая, -ее sincere
уважение (n) respect

EXERCISES

1. Translate the following sentences into English.

1. Сегóдня воскресéнье, вчерá былá суббóта, а зáвтра бýдет понедéльник.

2. Рабóта закóнчена. Идúте домóй.

3. Вчерá вéчером Ивáн прилетéл в Москвý самолётом.

4. Мне не удалóсь купúть перчáтки.

5. Как называ́ется э́тот пóезд?

6. В дéсять часóв утрá я пил кóфе в рестор́ане с Натáшей.

7. Мóжно закрыть дверь? Здесь ужáсно хóлодно.

8. Владúмир ходúл в Эрмитáж почтú кáждый день в течéние цéлой недéли.

9. Винó бы́ло хорóшее – хотéлось ещё бóльше.

10. У меня нет свóей машúны, но у меня есть своя отдéльная квартúра.

11. Мáйк живёт óчень далекó от Москвы́ – в Амéрике.

12. Я бы с удовóльствием жил в Филадéльфии.

13. Как они поéдут домóй?

14. Что вы бýдете дéлать зáвтра вéчером?

15. Вчерá мы купúли нóвую машúну.

2. *Translate the following imperatives into Russian, complete with stress marks.*

1. Come here

2. Sit down

3. Excuse me

4. Show me

5. Think

6. Decide

7. Get dressed

8. Don't smoke

9. Don't sign

10. Read

11. Work

12. Don't buy

13. Don't shout

14. Don't wear

15. Don't pay

3. *Put the appropriate form of the present tense of* **хоте́ть,** *"to want,"* *with stress marks, on the dotted line.*

1. Я .... купи́ть маши́ну.

2. Мо́й оте́ц и моя́ мать .... купи́ть отде́льную кварти́ру.

3. Ма́йк .... прие́хать к нам в Москву́.

4. Мы .... пообе́дать с ва́ми.

5. Воло́дя и Ната́ша .... подписа́ть контра́кт с америка́нской фи́рмой.

6. Ты .... кури́ть?

7. Она́ .... поговори́ть с ва́ми.

8. Они́ .... гуля́ть по на́бережной Невы́.

4. *Give the masculine form of the ordinal equivalents of these cardinal numbers. For example:*

оди́н: пе́рвый

1. два

2. три

3. четы́ре

4. четы́рнадцать

5. пять

6. пятна́дцать

7. шесть

8. семь

9. во́семь

10. де́вять

5. *True or false?*

1. Ната́ша с Ники́той обсужда́ли письмо́ к господи́ну Ро́джерсу.

2. У них не́ было черновика́ письма́.

3. Ма́йк прилета́ет к ним пе́рвого ма́рта.

4. У Ма́йка ви́за уже́ есть.

5. В Москве́ Ма́йк бу́дет жить с Ната́шей.

6. Ната́ша сказа́ла, что Майк бу́дет жить в Москве́ не ме́нее двух неде́ль.

7. Ната́ша называ́ет Майка в письме́ "Господи́н Ро́джерс".

8. Ната́ша уже́ встреча́лась с Майком ра́ньше.

9. Ната́ша бу́дет встреча́ть Майка в аэропорту́.

10. Она́ посыла́ет Майку официа́льное приглаше́ние.

We have now come to the end of lesson 10. By now you should be able to read and pronounce Russian without needing to refer to the phonetic transcription, so from lesson 11 onwards you will find just the Cyrillic text and the English translation. If you have any difficulty, take another look at the guide to pronunciation in lesson 1.

REVIEW OF LESSONS 7–10

Exercise 1. Read the text of Lesson 7 out loud.

НА РАБÓТЕ

Волóдя рабóтает недалекó от гостíницы "Невá." Натáша идёт к немý на рабóту пешкóм. По путí онá покупáет газéту.

Онá прихóдит тóчно в полпя́того ...

Волóдя	Здрáвствуйте, Натáша!
Натáша	Здрáвствуйте, Волóдя! Как делá?
Волóдя	Нормáльно. А что нóвого у вас?
Натáша	У меня́ всё по-стáрому. Как всегдá мнóго рабóты.
Волóдя	Хотíте чáю? Или кóфе?
Натáша	Нет, спасíбо. Я óчень мнóго пилá кóфе сегóдня. Мóжно минерáльную вóду?
Волóдя	Конéчно! Вот минерáльная вóда, а вот кóпии реклáмных проспéктов из Амéрики.

Ната́ша	Спаси́бо. Хмм ... Интере́сно. Я ду́маю, э́то как раз то, что нам ну́жно ... Здесь мо́жно кури́ть?
Воло́дя	Коне́чно. Я откро́ю окно́.
Ната́ша	Когда́ вы смо́жете прие́хать к нам в Москву́? Мы с ва́ми должны́ обсуди́ть вопро́с о совме́стном предприя́тии с мои́м но́вым нача́льником Ники́той Серге́евичем Кали́ниным.
Воло́дя	Како́е сего́дня число́? Два́дцать пе́рвое?
Ната́ша	Два́дцать пе́рвое ноября́, вто́рник.
Воло́дя	Я смогу́ прие́хать к вам че́рез неде́лю.Ска́жем, в сре́ду, два́дцать девя́того.
Ната́ша	Отли́чно! Я зна́ю, что Ники́та Серге́евич бу́дет свобо́ден в сре́ду.

Exercise 2.   *Translate the dialog in Lesson 7 into English. Then check your translation against ours on pages 82–84.*

Exercise 3.   *Read Lesson 8 out loud.*

НАТА́ША ДЕ́ЛАЕТ ПОКУ́ПКИ.

Как мы уже́ зна́ем, у Ната́ши мно́го рабо́ты. Коне́чно, в Москве́ она́ покупа́ет проду́кты в магази́нах. Но у неё нет вре́мени стоя́ть в очередя́х, что́бы купи́ть оде́жду, о́бувь и други́е ве́щи.

Сего́дня она́ всё ещё в Санкт-Петербу́рге . У неё есть немно́го свобо́дного вре́мени. Поэ́тому она́ реши́ла пойти́ по магази́нам и купи́ть себе́ ме́ховую ша́пку, перча́тки и сапоги́. У нас в Росси́и хо́лодно зимо́й! Ну́жно име́ть тёплые ве́щи, что́бы не замёрзнуть.

Сейча́с Ната́ша в магази́не "Гости́ный Двор." Она́ говори́т с продавцо́м ...

Ната́ша	Пожа́луйста, покажи́те мне э́ти сапоги́.
Продаве́ц	Каки́е?
Ната́ша	Вот те чёрные, в углу́.
Продаве́ц	Вот э́ти?
Ната́ша	Да, спаси́бо. Ско́лько они́ стоя́т?
Продаве́ц	Два́дцать пять ты́сяч.
Ната́ша	Ой, до́рого! У вас есть подеше́вле?
Продаве́ц	Да. Вот э́ти стоя́т двена́дцать ты́сяч.
Ната́ша	Хорошо́. А мо́жно посмотре́ть э́ти перча́тки?
Продаве́ц	Чёрные?

Ната́ша	Нет, кра́сные, пожа́луйста.
Продаве́ц	Пожа́луйста.
Ната́ша	Спаси́бо. Ду́маю, э́ти мне подойду́т. И ещё покажи́те мне, пожа́луйста, ша́пку.
Продаве́ц	Из ли́сьего ме́ха? И́ли из песца́?
Ната́ша	Из ры́жей лисы́. Ско́лько она́ сто́ит?
Продаве́ц	Два́дцать пять ты́сяч.
Ната́ша	Я возьму́ её, хоть и до́рого. Она́ така́я краси́вая и тёплая! И, коне́чно, сапоги́ и перча́тки. Посчита́йте, пожа́луйста, всё вме́сте.
Продаве́ц	Ша́пка – два́дцать пять ты́сяч, перча́тки – две ты́сячи и двена́дцать ты́сяч за сапоги́. Всего́ три́дцать де́вять ты́сяч.
Ната́ша	Плати́ть вам?
Продаве́ц	Нет, в ка́ссу.
Ната́ша	А где ка́сса?
Продаве́ц	Вот там, нале́во.
Ната́ша	Спаси́бо.

Exercise 4.   *Now translate the text of Lesson 8, and check your translation against ours, on pages 96–99.*

Exercise 5.   *Read the text of Lesson 9 out loud.*

ОБРА́ТНО В МОСКВУ́ ПО́ЕЗДОМ

Сего́дня пя́тница. Весь день прошёл в дела́х и спе́шке. А сейча́с рабо́та зако́нчена. Всё сде́лано. Пора́ е́хать домо́й!

Ната́ша прилете́ла в Санкт-Петербу́рг самолётом. Но обра́тный биле́т на самолёт ей купи́ть не удало́сь. Не́ было мест. Поэ́тому она́ купи́ла биле́т на по́езд. Э́тот по́езд называ́ется “Кра́сная Стрела́.” Он идёт из Санкт-Петербу́рга в Москву́ ка́ждую ночь.

В шесть часо́в ве́чера она́ хорошо́ пообе́дала с Воло́дей. Пото́м они́ немно́го гуля́ли по на́бережной Невы́. Зате́м Воло́дя проводи́л Ната́шу в гости́ницу. В гости́нице они́ попроща́лись.

Сейча́с де́вять часо́в ве́чера. Ната́ша уже́ в по́езде, в двухме́стном купе́. Она́ разгова́ривает со свое́й попу́тчицей.

Ната́ша	До́брый ве́чер!
Светла́на	До́брый ве́чер! Нам е́хать вме́сте. Дава́йте знако́миться. Я Светла́на Григо́рьевна Милосла́вская.
Ната́ша	А я Ната́ша Петро́вна Ивано́ва ... Мо́жно чуть-чуть откры́ть окно́?
Светла́на	Да, пожа́луйста. Здесь ужа́сно жа́рко ... Вы живёте в Санкт-Петербу́рге?
Ната́ша	Нет, я была́ здесь в командиро́вке то́лько три дня. Я живу́ в Москве́. А вы?
Светла́на	Я живу́ о́чень далеко́ отсю́да, в Ирку́тске. Я худо́жница и прие́хала посмотре́ть Эрмита́ж.
Ната́ша	Я была́ там то́лько оди́н раз. Э́то великоле́пно! Я бы с удово́льствием провела́ там це́лую неде́лю. Но нет вре́мени!
Светла́на	Жаль! А я была́ там почти́ ка́ждый день в тече́ние це́лого ме́сяца. И всё равно́ бы́ло ма́ло – хоте́лось ещё бо́льше.Там так мно́го экспона́тов! И все – шеде́вры!
Ната́ша	Да, пра́вда ... А как вы пое́дете домо́й?
Светла́на	Ох, э́то сло́жный вопро́с! Из Москвы́ вылета́ю самолётом в Ирку́тск. Пото́м из аэропо́рта пое́ду на авто́бусе в центр го́рода. Зате́м возьму́ такси́ и́ли ча́стную маши́ну до нача́ла мое́й о́чень дли́нной у́лицы. Там доро́га така́я плоха́я, что маши́не не прое́хать. Да́же ле́том. А сейча́с, когда́ снег ...
Ната́ша	А что же вы бу́дете де́лать?
Светла́на	К сча́стью, Бог дал мне две ноги́. Э́то са́мый надёжный тра́нспорт. Я пойду́ пешко́м!

Exercise 6. *Translate the dialog in Lesson 9 into English and check your translation against ours, on pages 111–14.*

Exercise 7. *Read Lesson 10 aloud.*

ПИСЬМО́ В АМЕ́РИКУ

Сейча́с Ната́ша нахо́дится в кабине́те своего́ нача́льника. Они́ обсужда́ют письмо́ к Ма́йку Ро́джерсу.

Ната́ша	Вот чернови́к письма́ к господи́ну Ро́джерсу.
Ники́та	Посмо́трим. Хмм ... Зна́чит, он прилета́ет к нам пе́рвого ма́рта?
Ната́ша	Да, так мы договори́лись по телефо́ну.
Ники́та	А ви́за у него́ уже́ есть?

Ната́ша	Пока́ нет, но я пошлю́ приглаше́ние с э́тим письмо́м.
Ники́та	Где он бу́дет жить?
Ната́ша	Он остано́вится в гости́нице "Звезда́". Для него́ уже́ заброни́рован но́мер.
Ники́та	Ско́лько он здесь пробу́дет?
Ната́ша	Э́то бу́дет зави́сеть от того́, как пойду́т перегово́ры. Но, по-мо́ему, не ме́нее двух неде́ль.
Ники́та	Ну, хорошо́. Спаси́бо. А! Оди́н вопро́с! Вы называ́ете его́ в письме́ "Майк". Вы с ним уже́ встреча́лись ра́ньше?
Ната́ша	Да нет. Мы не́сколько раз говори́ли по телефо́ну. Но америка́нцы таки́е коммуника́бельные и просты́е! Он сра́зу же на́чал называ́ть меня́ "Ната́ша". А когда́ я обраща́юсь к нему́ "Ми́стер Ро́джерс", он всегда́ смеётся: "Я ещё не совсе́м ста́рый! Зови́те меня́ "Майк"!"
Ники́та	Ну, ла́дно. Спаси́бо, Ната́лья Петро́вна.

Exercise 8. *Read Natasha's letter out loud.*

ВОТ ПИСЬМО́ НАТА́ШИ МА́ЙКУ:

Моско́вский Центра́льный Банк
Росси́я
115726 Москва́
54 6 252 ул Ле́нина

Дорого́й Майк!

Я и мои́ колле́ги наде́емся, что Ваш визи́т состои́тся, как мы и договори́лись, 1-го ма́рта.

Я бу́ду встреча́ть Вас в аэропорту́ Шереме́тьево-2. В рука́х у меня́ бу́дет табли́чка с Ва́шим и́менем. Но́мер в гости́нице бу́дет зака́зан для Вас зара́нее.

Посыла́ю Вам официа́льное приглаше́ние. Оно́ необходи́мо для получе́ния ви́зы. Вы должны́ обрати́ться за ви́зой в Росси́йское ко́нсульство. Там Вам вы́дадут две анке́ты, кото́рые на́до бу́дет запо́лнить (да́та и ме́сто рожде́ния, дома́шний а́дрес, ме́сто рабо́ты и т.п.)

Оформле́ние ви́зы не должно́ заня́ть мно́го вре́мени.

Ждём встре́чи с Ва́ми.

С и́скренним уваже́нием,

Ната́ша.

Exercise 9. *Translate the letter, and check your version agains ours, on page 128.*

Exercise 10. Write out the correct form of the words given in brackets:

1. Воло́дя (рабо́тать) о́чень далеко́ от (гости́ница) "Нева́."

2. Па́вел пи́шет (кни́га).

3. Ра́ньше Бори́с (пить) ча́й по (у́тро), а тепе́рь он (пить) ко́фе.

4. Хоти́те (ча́й), (ко́фе), (во́дка) и́ли (минера́льная вода́)?

5. У меня́ нет (вре́мя) стоя́ть в (о́чередь).

6. Я о́чень рад/ра́да познако́миться с (вы).

7. Они́ (быть) ждать (вы) в (гости́ница).

8. Я возьму́ (э́та газе́та) с (себя́).

9. Я бы с (удово́льствие) провёл/провела́ (це́лая неде́ля) в (Эрмита́ж).

МА́ЙК Е́ДЕТ В РОССИ́Ю
MIKE GOES TO RUSSIA

**Ма́йк прилете́л из Нью-Йо́рка в Москву́ ночны́м ре́йсом. Самолёт
приземли́лся в три часа́ дня по моско́вскому вре́мени.**
Mike flew from New York to Moscow on a night flight. The plane
landed at three o'clock in the afternoon, Moscow time.

**Ма́йк прошёл че́рез пограни́чный контро́ль и тамо́женный
досмо́тр. В за́ле прибы́тия бы́ло о́чень мно́го наро́ду. Пассажи́ры с
трудо́м проти́скивались сквозь толпу́. Ма́йк сра́зу уви́дел
табли́чку со свои́м и́менем ...**
Mike went through the immigration [frontier] control and the
customs check. In the arrivals hall there were very many people.
Passengers pushed their way through the crowd with difficulty. Mike
saw the card with his name straight away ...

> **Ма́йк** **Ната́ша?**
> Natasha?

| Ната́ша | Да. А вы, наве́рное, Ма́йк? Добро́ пожа́ловать в Москву́! |
| | Yes. And you must be Mike? Welcome to Moscow! |

| Ма́йк | Я о́чень рад встре́титься с ва́ми. |
| | I'm very glad to meet you. |

| Ната́ша | Мы так мно́го говори́ли по телефо́ну! И, наконе́ц, мы встре́тились ли́чно. А э́то для вас! |
| | We've talked so much on the phone! And at last we've met personally. And this is for you! |

Она́ даёт ему́ буке́т цвето́в.
She gives him a bouquet of flowers

| Ма́йк | Цветы́? Как прия́тно! Большо́е спаси́бо. |
| | Flowers? How nice! Thank you very much. |

| Ната́ша | Здесь так мно́го люде́й и так шу́мно. Мы лу́чше поговори́м в маши́не. |
| | There are so many people here and it's so noisy. We'll speak more easily in the car. |

Они́ выхо́дят из аэропо́рта и садя́тся в маши́ну.
They go out of the airport and get [sit] in a car.

| Ната́ша | Как вы долете́ли? |
| | How was your flight? [How did you fly here?] |

| Ма́йк | Прекра́сно! Я о́чень хорошо́ пообе́дал, вы́пил два стака́на джи́на с то́ником, и всё остально́е вре́мя спал. |
| | Great! I had a very good dinner, drank two glasses of gin and [with] tonic and all the rest of the time I slept. |

| Ната́ша | Зна́чит, вы не о́чень уста́ли? |
| | So, you're not very tired? |

| Ма́йк | Совсе́м не уста́л. Но я бы хоте́л приня́ть душ. Я немно́го вспоте́л. В аэропорту́ бы́ло о́чень жа́рко. |
| | I'm not tired at all. But I would like to take a shower. I'm a little sticky. In the airport it was very hot. |

| Ната́ша | Я предлага́ю пое́хать пря́мо в гости́ницу, что́бы вы смогли́ освежи́ться, распакова́ть чемода́ны и устро́иться. А о́коло 7 часо́в ве́чера мы зае́дем за ва́ми и пое́дем обе́дать. |

I suggest we go [to go] straight to the hotel, so that you
can freshen up, unpack (your) suitcases and settle in.
And about 7 o'clock this evening we'll come for you and
we'll go for dinner [to have dinner].

Майк   **Мы?**
We?

Наташа   **Я приеду с мойм начальником. Он очень хочет
встретиться с вами.**
I'll come with my boss. He very much wants to meet
you.

Майк   **Это новый начальник?**
Is that the new boss?

Наташа   **Да. Он работал в отделении нашего банка в Варшаве.
Он приехал к нам примерно шесть месяцев назад.**
Yes. He used to work at the bank's Warsaw branch. He
came to us about six months ago.

**Машина быстро мчалась по Тверской – бывшей улице Горького.
Вдруг Майк спросил:**
The car quickly raced along Tverskaya (street) – formerly Gorky
Street. Suddenly Mike asked:

Майк   **Что это?**
What's that?

Наташа   **Это московский Кремль. Мы недалеко от Красной
площади. А вот и ваша гостиница.**
It's the Moscow Kremlin. We're not far from Red
Square. And here's your hotel.

GRAMMAR

RUSSIAN ADVERBS

You already know some Russian adverbs.

TIME-RELATED ADVERBS

днём by day, in the daytime
утром in the morning
вечером in the evening

но́чью at night
весно́й in spring, from **весна́**
ле́том in summer, from **ле́то**
о́сенью in autumn, from **о́сень**
зимо́й in winter, from **зима́**

Here are some other useful time-related adverbs which are worth learning:

сего́дня today
когда́ when; **когда́-нибудь** some time (or other)
никогда́ never
иногда́ sometimes
давно́ long ago
до́лго long, a long time
ра́но early
по́здно late
обы́чно usually
опя́ть again
пото́м then
сейча́с now, just now
ско́ро quickly
сра́зу all at once
тепе́рь now
тогда́ then
снача́ла at first
сно́ва once more
уже́ already
вчера́ yesterday
за́втра tomorrow

PLACE-RELATED ADVERBS

You will notice that, unlike English, Russian has different adverbs to denote the place and the direction of an action, for example "where?" can be expressed by **где** (place) and **куда́** (direction).

где where
нигде́ nowhere
где́-нибудь somewhere or other, somewhere
бли́зко close, near
далеко́ far, far away
здесь here
там there, over there
тут here,
нале́во on the left

напра́во on the right
до́ма at home
внизу́ downstairs
наверху́ upstairs

MOVEMENT-RELATED ADVERBS

домо́й home, to home
куда́ where to
никуда́ to nowhere
куда́-нибудь to somewhere or other
отку́да whence, where from
туда́ thence, to there
отту́да from there
сюда́ here, to here
отсю́да from here
вперёд in front, forward
наза́д behind, backwards
вниз down, downwards
вверх up, upwards

ADVERBS AND THE SHORT FORM OF ADJECTIVES

In Lesson 7 there was an example of the short form of the adjective
"free":

Я зна́ю, что Ники́та Серге́евич бу́дет свобо́ден в сре́ду.
I know that Nikita Sergeyevich will be free on Wednesday.

свобо́ден, -а, -о are the short forms of **свобо́дный, -ая. -ое.**

We shall be looking at the short form of adjectives in Lesson 14.
Many Russian adverbs are the same as the neuter form of short
adjectives, for example:

пло́хо badly, from **плохо́й**

ско́ро quickly, from **ско́рый**

Adverbs are frequently used in impersonal sentences as the predicate
(the part of a sentence which says something about the subject):

В Росси́и хо́лодно. It is cold in Russia.

В Аме́рике хорошо́. It's good in America.

NEGATIVE ADVERBS

The negative adverbs **некогда, некуда, негде** have a very different sense from **никогда, никуда, нигде**, and convey the idea of the absolute impossibility of something. Sentences using these adverbs are constructed differently: **некогда, некуда, негде** are used with a dative and infinitive, whilst **никода, никуда, нигде** are used with **не** and a verb. Compare the following examples:

Мне некогда гулять. I have no time for walking and looking around. [To me there is no time for ...]
Я никогда не гуляю. I never walk and look around.

Ему некуда идти. He has nowhere to go. [To him there is nowhere ...]
Он никуда не идёт. He is not going anywhere.

Им негде жить. They have nowhere to live.[To them there is nowhere ...]
Они нигде не живут. They don't live anywhere.

Here are a few useful sentences which contain adverbs.

У меня всё хорошо.
I'm fine. [All is well at me.]

Идите сюда.
Come here.

Я лечу туда самолётом.
I will go there by plane.

Вы долго будете в Санкт-Петербурге?
Will you stay long in St. Petersburg?

У меня только один чемодан.
I only have one suitcase.

Я родился в Америке, но сейчас живу в России.
I was born in America, but I now live in Russia.

У меня, как всегда, много работы.
I have a lot of work, as always.

VOCABULARY

ночно́й, -а́я, -о́е night
ре́йс flight
благополу́чно safely
приземли́ться (perf) to land
по моско́вскому вре́мени by/according to Moscow time
грани́ца frontier/border
пограни́чный (adj.) frontier/border
контро́ль (m) control
тамо́женный досмо́тр customs check (тамо́жня (f) customs)
зал hall
прибы́тие arrival
наро́д people, the people
мно́го наро́ду a lot of people
прибыва́ть (impf) to arrive
при́бывший, -ая, -ее arrived (in English, often "arriving")
пассажи́р passenger
труд work, exertion
с трудо́м with difficulty
проти́скиваться (impf) to push one's way through
сквозь through
толпа́ crowd
сра́зу straight away
табли́чка a card, notice (as held up in airports with the name of a person)
наве́рное surely, certainly
добро́ пожа́ловать welcome
ли́чно personally, in person
буке́т bouquet
цвето́к flower
лю́ди people
шум noise
шу́мно it is noisy
лу́чше better
зда́ние building
аэровокза́л (m) air terminal
сади́ться (impf) to sit down; to get in (в маши́ну a car)
ожида́ть (impf) to wait
долете́ть (perf) to fly to, to fly here
стака́н a glass
джин gin
то́ник tonic
остально́й, -а́я, -о́е remaining

спать (impf) to sleep
уставáть (impf) to be tired
устáть (perf) to get tired
совсéм не not at all
душ shower
приня́ть душ (perf) to take a shower
немнóго not much, a little
вспотéть (perf) to perspire, to get sweaty
жáрко hot
предлагáть (impf) to suggest
пря́мо straight
освежи́ться (perf) to freshen oneself up
распаковáть (perf) to unpack
устрáиваться (impf) to arrange, settle in, get organized
устрóиться (perf) to arrange, settle in, get organized
заезжáть (impf) to call in
заéхать (perf) to call in; **за** to call in for, to collect
приезжáть (impf) to arrive
приéхать (perf) to arrive
недáвно not long ago, recently
переводи́ть (impf) to translate, to transfer
перевести́ (perf) to translate, to transfer
отделéние section, division, branch
примéрно approximately, about
бы́стро quickly (the name of a bistro or small restaurant comes from this word)
мчáться (impf) to hurry along, to zip
Тверскáя adjective from Tver, a city on the road to St. Petersburg
по Тверскóй along Tverskaya (street)
бы́вший, -ая, -ee former
вдруг suddenly
спрáшивать (impf) to ask
спроси́ть (perf) to ask
кремль (m) castle, fort, kremlin (many towns have one)
Крáсная плóщадь Red Square

EXERCISES

1. *Translate the following words into English. Note that English words beginning with "h" often begin with the letter "г" in Russian.*

   1. вендéтта

   2. вентиля́ция

3. газ

4. га́мбургер

5. га́нгстер

6. гандика́п

7. гара́ж

8. мегалома́ния

9. раси́зм

2. *Translate the following sentences into English.*

1. В Росси́и хо́лодно зимо́й, а жа́рко ле́том.

2. Я рабо́таю днём, а сплю но́чью.

3. Вчера́ они́ бы́ли в Нью-Йо́рке, а за́втра бу́дут в Москве́.

4. Я никогда́ не́ был в Аме́рике, но хочу́ пое́хать туда́ когда́-нибу́дь.

5. Здесь хорошо́, а там лу́чше.

6. Банк напра́во, а гости́ница нале́во.

7. Сейча́с я иду́ домо́й. До́ма я бу́ду смотре́ть телеви́зор.

8. Куда́ вы?

9. Отку́да вы?

3. *Put the words in brackets into the correct form.*

1. (День) я рабо́таю, а (ночь) я сплю.

2. В (зал) бы́ло мно́го (наро́д).

3. Она́ не ви́дела (табли́чка) со (своё и́мя).

4. Он был о́чень рад встре́титься с (она́).

5. Она́ была́ о́чень ра́да встре́титься с (он).

6. Я бы (хоте́ть) приня́ть душ.

7. Он вы́пил два (стака́н джин) с (то́ник).

8. Они́ бы́стро е́хали по (Тверска́я у́лица).

9. Я живу́ недалеко́ от (Кра́сная пло́щадь).

4. *Translate the following sentences into Russian.*

1. Excuse me, but what is that?

2. There are a lot of people here.

3. I'm not at all tired.

4. Are you very tired, Natasha?

5. Is that our new (female) student?

6. I very much want to meet you.

7. She works in our branch in Washington.

8. She came to us about five months ago.

9. He flew into New York from Moscow on a night flight.

5. *True or false?*

1. Ма́йк прие́хал в Москву́ ночны́м по́ездом.

2. В за́ле прибы́тия не́ было мно́го наро́ду .

3. Ната́ша встре́тила Ма́йка в за́ле.

4. Ма́йк был не рад встре́титься с Ната́шей.

5. Ната́ша дала́ Ма́йку буке́т цвето́в.

6. В за́ле прибы́тия бы́ло шу́мно.

7. Ма́йк не о́чень хорошо́ пообе́дал в самолёте.

8. По́сле обе́да Ма́йк хорошо́ спал.

9. Ма́йк о́чень уста́л. Ему́ хо́чется спать.

В ГОСТИ́НИЦЕ
IN THE HOTEL

Гости́ница "Звезда́" нахо́дится недалеко́ от Кра́сной пло́щади.
Э́то но́вая ча́стная гости́ница. Она́ небольша́я: в ней всего́ со́рок
номеро́в. Ма́йк с Ната́шей подхо́дят к столу́ регистра́ции...
The Star hotel is situated not far from Red Square. It is a new,
private hotel. It's small: it has forty rooms in all [in her in all]. Mike
and Natasha go up to the registration desk [table] ...

Администра́тор	Здра́вствуйте. Вы зака́зывали но́мер? Good afternoon. Did you book a room?
Ма́йк	Да, заказа́л. Yes, I have booked.
Ната́ша	Вот ко́пия фа́кса, в кото́ром вы подтвержда́ете, что зака́з при́нят. Here's a copy of the fax in which you confirm that the booking is accepted.

Администра́тор	Хорошо́. Ваш па́спорт, пожа́луйста.
	Fine. Your passport, please.
Ната́ша	Во́т он.
	Here it is.
Администра́тор	Спаси́бо. Вы смо́жете получи́ть его́ за́втра у́тром.
	Thank you. You can have it back tomorrow morning.
Майк	Скажи́те, пожа́луйста, в но́мере есть телеви́зор?
	Tell me, please, is there a television in the room?
Администра́тор	Коне́чно. Пять кана́лов рабо́тают на ру́сском языке́. И есть ещё оди́н кана́л, по кото́рому мо́жно смотре́ть переда́чи Си-Эн-Эн. Они́ передаю́т це́лый день по-англи́йски.
	Of course. Five channels operate in Russian. And there is one more channel, on which it is possible to watch CNN broadcasts. They broadcast in English the whole day.
Майк	Зна́ете ли вы, когда́ передаю́т но́вости?
	Do you know when the news is on [they broadcast the news]?
Администра́тор	Извини́те меня́, то́чно не по́мню. Но вся информа́ция есть в но́мере на ру́сском и на англи́йском языка́х.
	Sorry, I don't remember exactly. But all the information is in the room in both Russian and English.
Майк	Спаси́бо. А как здесь мо́жно постира́ть ве́щи? И есть ли тут химчи́стка?
	Thank you. And how can I get washing done here? And is there dry cleaning here?
Администра́тор	Éсли вы отдади́те нам те ве́щи, кото́рые ну́жно постира́ть и почи́стить, до 12 часо́в дня, они́ бу́дут гото́вы к 8 часа́м утра́ на сле́дующий день.
	If you hand in those things that need washing and cleaning before 12 noon, they will be ready by 8 a.m. the following day.

Майк Прекра́сно! Что ещё? Да! Чуть не забы́л! Есть ли у вас каки́е-нибу́дь англи́йские и́ли америка́нские газе́ты?
Fine! What else? Yes! I nearly forgot! Do you have any English or American newspapers?

Администра́тор Да, мы получа́ем англи́йскую "Та́ймс" и америка́нскую "Нью-Йо́рк Гера́льд Трибью́н." Но они́ прихо́дят к нам на два дня по́зже.
Yes, we get the English "Times" and the American "New York Herald Tribune." But they arrive [come to us] two days late.

Майк Как рабо́тает ваш рестора́н? Когда́ он откры́т?
How does your restaurant operate? When is it open?

Администра́тор У нас нет рестора́на. Но здесь за угло́м, совсе́м бли́зко, есть рестора́н.
We don't have a restaurant. But round the corner, close by [very close], there is a restaurant.

Майк А где мо́жно поза́втракать?
And where can I [where is it possible to] have breakfast?

Администра́тор У нас есть буфе́т с лёгкими заку́сками и пи́ццей на второ́м этаже́. Меню́ есть в ва́шем но́мере. Вы мо́жете позвони́ть го́рничной и заказа́ть за́втрак пря́мо в но́мер, е́сли хоти́те.
We have a buffet with light snacks and pizzas on the second floor. The menu is in your room. You can call the chambermaid and order breakfast in [straight into] (your) room, if you wish.

Майк Спаси́бо. Вы о́чень помогли́ мне.
Thank you. You've been a great help. [You very helped me.]

GRAMMAR

QUESTIONS WITH ЛИ

You already know that a statement can be changed into a question by changing the intonation (lesson 2). Questions can also be formed by using the particle **ли**.

In the dialog, Mike asks:

И есть ли тут химчи́стка?
And is there dry cleaning here?

In questions with **ли**, the subject and the verb are frequently inverted and **ли** put between them:

Тут есть химчи́стка. (statement)
There is dry cleaning here.

Тут есть химчи́стка? (intonation question)
There is dry cleaning here?

Есть ли тут химчи́стка? (question with **ли**)
Is there dry cleaning here?
Similarly:

У вас есть америка́нские газе́ты.
You have American newspapers.

У вас е́сть америка́нские газе́ты?
You have American newspapers?

Есть ли у вас америка́нские газе́ты?
Do you have American newspapers?

If a specific part of a sentence needs stressing, this can be indicated by intonation or, using **ли**, by putting the part to be stressed at the beginning of the sentence. Compare the different senses of the following:

Ната́ша дала́ па́спорт Ма́йка администра́тору.
Natasha gave Mike's passport to the receptionist.

Ната́ша дала́ па́спорт Ма́йка администра́тору?
Did Natasha give Mike's passport to the receptionist?

Па́спорт Ма́йка ли Ната́ша дала́ администра́тору?
Was it *Mike's* passport that Natasha gave to the receptionist? (i.e. as opposed to that of somebody else)

Ната́ша дала́ па́спорт Ма́йка администра́тору вчера́.
Natasha gave Mike's passport to the receptionist yesterday.

Ната́ша дала́ па́спорт Ма́йка администра́тору вчера́?
Did Natasha give Mike's passport to the receptionist yesterday?

Вчера́ ли Ната́ша дала́ па́спорт Ма́йка администра́тору?
Was it *yesterday* that Natasha gave Mike's passport to the receptionist? (i.e. as opposed to some other time)

THE PERFECTIVE AND IMPERFECTIVE: ЗАКАЗА́ТЬ, ЗАКА́ЗЫВАТЬ TO BOOK; TO ORDER

At the beginning of this Lesson, the **администра́тор** asked: **Вы заказывали но́мер?** "Did you book a room?/Have you booked a room?" This is a useful example of the use of the imperfective verb.

The imperfective is used here because it is not clear to the **администра́тор** whether the process of booking was successful (complete), or not as yet successful (incomplete).

So, when Mike replies: **Да, заказа́л,** he confirms that the process has been completed.

If, however, the confirmation had not been received, if there was still a question mark over the booking, Mike would have replied:

Да, я зака́зывал но́мер, or simply **Зака́зывал,** because he knew that the process of booking a room had been started, but was unaware of the outcome.

NOUNS WITH NUMERALS AND THE DECLENSION OF CARDINAL NUMBERS 1– 4

In Russian all cardinal numbers decline.

ОДИ́Н, ОДНА́, ОДНО́

There are three forms of the number "one" in Russian:

Оди́н is the masculine form: **оди́н вопро́с, оди́н стол, оди́н студе́нт.**
Одна́ is the feminine form: **одна́ кни́га, одна́ газе́та, одна́ студе́нтка.**
Одно́ is the neuter form: **одно́ окно́, одно́ сло́во, одно́ по́ле.**
Оди́н, одна́, одно́ agree with the noun which they qualify both in gender and in case. They are declined as follows:

	masculine	*feminine*	*neuter*
nom.	оди́н вопро́с	одна́ кни́га	одно́ сло́во
acc.	оди́н вопро́с	одну́ кни́гу	одно́ сло́во
gen.	одного́ вопро́са	одно́й кни́ги	одного́ сло́ва
dat.	одно́му вопро́су	одно́й кни́ге	одному́ сло́ву
inst.	одни́м вопро́сом	одно́й кни́гой	одни́м сло́вом
prep.	одно́м вопро́се	одно́й кни́ге	одно́м сло́ве

There is a plural form of **оди́н**, which is used with nouns which only occur in a plural form, such as **часы́**, "clock or watch" [= hours]. These forms are rare.

Another plural form of **оди́н** is worth looking at. Sometimes **оди́н** can mean "alone" in both singular and plural:

Она́ была́ одна́. She was alone.
Он оди́н. He is alone.
Мы бы́ли одни́. We were alone.
Они́ прие́хали домо́й одни́. They came home alone.

ДВА, ДВЕ, ДВА

Nouns following **два** (masculine and neuter) or **две** (feminine) are in the genitive singular:

два вопро́са, два стола́, два студе́нта
две кни́ги, две газе́ты, две студе́нтки
два сло́ва, два окна́, два по́ля

ТРИ, ЧЕТЫ́РЕ

The numbers three and four are the same for all genders. Like two, they are also followed by nouns in the genitive singular:

три вопро́са, три стола́, четы́ре студе́нта
три кни́ги, четы́ре газе́ты, три студе́нтки
четы́ре сло́ва, три окна́, четы́ре по́ля

The numerals 2, 3 and 4 are declined as follows.

nom.	два	две	три	четыре
acc.	двух*	двух*	трёх*	четырёх*
	два	две	три	четыре
gen.	двух	двух	трёх	четырёх
dat.	двум	двум	трём	четырём
inst.	двумя́	двумя́	тремя́	четырьмя́
prep.	двух	двух	трёх	четырёх

* when denoting human beings

VOCABULARY

администра́тор (m or f) receptionist; administrator
пло́щадь (f) square
ча́стный, -ая, -ое private, personal
небольшо́й, -а́я, -о́е not big, small, little
всего́ in all
подходи́ть (impf) to approach, to go up to
регистра́ция registration
стол регистра́ции check in
зака́зывать (impf) to order
заказа́ть (perf) to order
ко́пия a copy
факс a fax
подтвержда́ть (impf) to confirm
подтверди́ть (perf) to confirm
зака́з an order
принима́ть (impf) to accept
приня́ть (perf) to accept
получа́ть (impf) to receive
получи́ть (perf) to receive
телеви́зор television
кана́л channel
переда́ча transmission, broadcast
смотре́ть переда́чу to watch a program
передава́ть (impf) to broadcast, transmit
но́вости the news (**но́вость** (f))
то́чно exactly
по́мнить (impf) to remember
информа́ция information
стира́ть (impf) to wash
постира́ть (perf) to wash
химчи́стка dry cleaning

пробы́ть (perf) to stay, to remain
отда́ть (perf) to hand in, to give back, to return
чи́стить (impf) to clean
почи́стить (perf) to clean
до 12 часо́в дня before 12 noon [before 12 hours of the day]
гото́вый, -ая, -ое ready
гото́в, -а, -о ready (short form of the adjective)
сле́дующий, -ая, -ее next
Что ещё? What else?
забыва́ть (impf) to forget
забы́ть (perf) to forget
Чуть не забы́л! I almost forgot!
како́й-, -а́я-, -о́е-нибу́дь some or other, any
приходи́ть (impf) to come
за угло́м round the corner
бли́зко close
за́втракать (impf) to have breakfast
поза́втракать (perf) to have breakfast
буфе́т buffet
заку́ска snack
лёгкие заку́ски light snacks
пи́цца pizza
меню́ (n) menu
звони́ть (impf) to phone, to call
позвони́ть (perf) to phone, to call
го́рничная maid, cleaner

EXERCISES

1. Translate the following sentences into English:

1. Мой дом нахо́дится недалеко́ от гости́ницы "Звезда́."

2. Скажи́те, пожа́луйста, где регистра́ция?

3. Я заказа́л но́мер фа́ксом.

4. Вы подтверди́ли, что зака́з при́нят.

5. Вот мой па́спорт. Когда́ я смогу́ получи́ть его́?

6. В но́мере есть ра́дио, телеви́зор и телефо́н?

7. Когда́ передаю́т но́вости по-англи́йски?

8. Я хочу́ купи́ть и англи́йские, и америка́нские газе́ты.

9. Я хочу́ за́втракать в но́мере.

2. *Put the words in brackets into the correct form:*

1. Вот ко́пия (письмо́), в кото́ром вы подтвержда́ете, что зака́з при́нят.

2. В (но́мер) есть телеви́зор?

3. Есть кана́л, по (кото́рый) мо́жно смотре́ть переда́чи по-англи́йски.

4. Вся информа́ция есть в (но́мер) на (ру́сский) и на (англи́йский) языка́х.

5. Сейча́с они́ (получа́ть) америка́нские (газе́та) ка́ждый день.

6. У них нет (рестора́н), но у них есть хоро́ший буфе́т.

7. Меню́ есть в (ваш) но́мере.

8. (Знать) ли вы когда́ (передава́ть) но́вости?

3. *Translate the following into Russian:*

1. The Star hotel is not far from my home.

2. I have a new personal (private) car.

3. Is there television in the (hotel) room?

4. Is the booking (order) accepted?

5. Is it possible to watch transmissions in English? [use ли]

6. We will be here three to four days.

7. I am there two days every month.

8. Is there dry cleaning in the hotel?

4. *Look at the price list below. How much will you have to pay the hotel? You will stay for seven nights, have six dinners and seven breakfasts.*

ГОСТИ́НИЦА ЗВЕЗДА́

но́мер (одна́ ночь).............................пятьдеся́т ты́сяч рубле́й
обе́д.......................................два́дцать ты́сяч рубле́й
за́втрак (+ ча́й или ко́фе)........................се́мь ты́сяч рубле́й

---

5. *True or false?*

1. Гости́ница "Звезда́" нахо́дится далеко́ от Кра́сной пло́щади.

2. "Звезда́" – но́вая ча́стная гости́ница.

3. Ната́ша дала́ па́спорт Ма́йка администра́тору.

4. У Ма́йка в но́мере нет телеви́зора.

5. Администра́тор не зна́ет, когда́ передаю́т но́вости по-англи́йски.

6. В гости́нице мо́жно получа́ть америка́нские и англи́йские газе́ты.

7. В Москве́ мо́жно смотре́ть переда́чи Си-Эн-Эн.

8. В гости́нице то́лько четы́ре кана́ла рабо́тают на ру́сском языке́.

9. Недалеко́ от гости́ницы есть рестора́н.

10. Мо́жно купи́ть лёгкие заку́ски и пи́ццу в буфе́те гости́ницы.

ЭКСКÝРСИЯ ПО МОСКВÉ
A TRIP AROUND MOSCOW

В Росси́и хóлодно зимóй. Но в послéдние пять-семь лет зи́мы бы́ли не óчень холóдные. Скорéе дáже óчень нехолóдные, с температýрой чáсто вы́ше нуля́.

In Russia it is cold in winter. But in the last five to seven years, the winters were not very cold. Rather not very cold at all [very not cold], with the temperature often above zero.

Но никтó не рад э́тому теплý; чáсто бывáет си́льный вéтер, идёт снег с дождём ... А когдá температýра, скáжем, ми́нус 20 грáдусов, и нéбо безóблачное и голубóе, и сóлнце сия́ет, и снег искри́тся – здесь чудéсно!

But nobody is happy with [to] this warmth; there is often a strong wind, and sleet [snow goes with rain] ... But when the temperature is, say, minus 20 degrees, and the sky is cloudless and blue, and the sun is shining, and the snow sparkles – it is wonderful here!

А в начáле мáрта погóда óчень неустóйчива. Нóчью – ми́нус 18, а днём – плюс 4! На ýлице сля́коть под ногáми.

But at the beginning of March, the weather is very changeable. At night it is minus 18, but by day it is plus 4! On the streets (there is) slush underfoot [under the feet].

Майк приéхал в Москву́ в сáмом начáле весны́. Сия́ет сóлнце; по голубóму нéбу плыву́т мáленькие бéлые облакá. День так чудéсен, что прóсто невозмóжно сидéть в кóмнате, и они́ с Натáшей реши́ли отпрáвиться на экску́рсию по Москвé.

Mike came to Moscow at the very beginning of spring. The sun is shining; in a blue sky small, white clouds are floating. The day is so lovely that it is simply not possible to sit indoors [in a room], and Mike and Natasha [they with Natasha] decided to set off on a trip around Moscow.

Натáша	Это Крáсная плóщадь.
	That's Red Square.
Майк	А э́то что за здáние? Цéрковь?
	And what is that building? A church?
Натáша	Да, э́то собóр Васи́лия Блажéнного. Совершéнно уникáльное здáние. Бы́ло пострóено при Ивáне Грóзном. Говоря́т, что, когдá строи́тельство бы́ло закóнчено, архитéкторов ослепи́ли.
	Yes, it's the Cathedral of Saint Basil. It's an absolutely unique building. It was constructed under Ivan the Terrible. They say that when the building was finished the architects were blinded.
Майк	Ослепи́ли? Но почему́?
	Blinded? [They blinded?] But why?
Натáша	Что́бы они́ не могли́ постро́ить ещё что-нибу́дь, бóлее краси́вое.
	So that they could not build something even more beautiful.
Майк	Ужáсно! Ну и странá!
	Terrible! What a country!
Натáша	Да. Эта странá ужáсна и, в то же врéмя, прекрáсна. Смесь добрá и зла. Странá ру́сской интеллигéнции и вели́ких писáтелей, таки́х как Пу́шкин, Толстóй, Достоéвский, и странá тирáнов, как Ивáн Грóзный и Стáлин ...

> *Yes. It's a terrible country, and at the same time it's beautiful. A mixture of good and evil. The country of the Russian intelligentsia and great writers, such as Pushkin, Tolstoy, Dostoyevsky, and the country of tyrants, like Ivan the Terrible and Stalin ...*

Майк Посмотрите! Как здорово играет солнце на тех золотых куполах!

Look! How beautifully the sun is sparkling [playing] on those golden domes!

Наташа Да. Это Кремль.Он был построен ещё в 12-ом веке. Но давайте вернёмся в машину. Я хочу, чтобы мы поехали посмотреть Новодевичий.

Yes. That's the Kremlin. It had already been built by the 12th century. But let's return to the car. I want us to go to look at Novodevichy.

Майк Что это такое?

What is that?

Наташа Это монастырь на берегу Москва-реки, построенный ещё до Петра Первого.

It's a convent [monastery] on the bank of the Moscow river, built even before Peter the Great.

GRAMMAR

"TOGETHER WITH"

Look at the following sentence:

Они с Наташей решили отправиться на экскурсию.

Literally, this means "They with Natasha decided to ... ." It could mean that one or more persons, together with Natasha, decided to do something. In the text, however, it means "Mike and Natasha decided to ... ."

A common mistake that Russians, even Russians with good English, make is to say "we with father ... ," "we with Mike ... ," instead of "my father and I ... ," "Mike and I ... ." This is because they are translating directly from the Russian.

мы с отцом I with father; we with father
мы с братом I with brother; we with brother
мы с сестрой I with sister; we with sister

они́ с Ива́ном he with Ivan; she with Ivan; they with Ivan
они́ с Ната́шей he with Natasha; she with Natasha; they with Natasha

As more than one person is involved, the verb which follows is in the plural:

Они́ с Ната́шей реши́ли...
мы с отцо́м пое́хали...
мы с сестро́й лю́бим...
они́ с Ива́ном иду́т...

Just who is with father, sister, Ivan, etc. is usually clear from the context.

THE SHORT FORM OF ADJECTIVES

Many adjectives have a "short" form, which is used to form the predicate (the part of a sentence which says something about the subject).

In Lesson 7 there was an example of the short form of the adjective "free":

Ники́та Серге́евич бу́дет свобо́ден в сре́ду.
Nikita Sergeyevich will be free on Wednesday.

Свобо́ден, свобо́дна, свобо́дно are the short forms of свобо́дный, -ая. -ое.

Other examples from the dialog are:

Пого́да о́чень неусто́йчива. (неусто́йчивый, -ая, -ое)

День так чуде́сен. (чуде́сный, -ая, -ое)

Эта страна́ ужа́сна и ... прекра́сна. (ужа́сный, -ая, -ое ... прекра́сный, -ая, -ое)

The short form of the *masculine singular* is made by dropping the ending -ый, -ой, -ий from the long form, leaving only the stem:

краси́вый – краси́в beautiful

молодо́й – мо́лод young

хоро́ший – хоро́ш good

If the stem of the adjective ends in two or more consonants, as in the case of свобо́дный and чуде́сный above, -о- or -е- is usually inserted.

The short form of the *feminine singular* is made by adding **-a** to the stem:

краси́вая – краси́ва
молода́я – молода́
хоро́шая – хороша́

The short form of the *neuter singular* is made by adding **-o** to the stem:

краси́вое – краси́во
молодо́е – мо́лодо
хоро́ший – хорошо́

The short form of the *plural for all three genders* is made by adding **-ы** to the stem (or **-и** if the stem ends in **г, к, х, ж, ч, ш,** or **щ**):

краси́вы
мо́лоды
хороши́

Here are some short forms which are worth learning. Note the change in position of the stress.

Full form	*Short forms*			
Masculine	*Masculine*	*Feminine*	*Neuter*	*Plural*
больно́й sick	бо́лен	больна́	больно́	больны́
вели́кий great	вели́к	вели́ка	вели́ко	вели́ки
дли́нный long	дли́нен	длинна́	длинно́	длинны́
поле́зный useful	поле́зен	поле́зна	поле́зно	поле́зны
по́лный full	по́лон	полна́	полно́	полны́
пра́вый right	прав	права́	пра́во	правы́
прекра́сный splendid, beautiful	прекра́сен	прекра́сна	прекра́сно	прекра́сны
прия́тный pleasant	прия́тен	прия́тна	прия́тно	прия́тны
ску́чный boring	ску́чен	скучна́	ску́чно	скучны́

слы́шный audible, heard	слы́шен	слышна́	слы́шно	слышны́
стра́шный awful, terrible	стра́шен	страшна́	стра́шно	страшны́
тру́дный difficult, hard	тру́ден	трудна́	тру́дно	трудны́
удо́бный convenient, comfortable	удо́бен	удо́бна	удо́бно	удо́бны
у́мный clever, wise	умён	умна́	умно́	умны́
холо́дный cold	хо́лоден	холодна́	хо́лодно	холодны́
широ́кий broad, wide	широ́к	широка́	широко́	широки́

It is important to note that the short adjective is only used to form the *predicate* in a sentence, whereas the full adjective can be used attributively or predicatively (for emphasis):

дли́нная доро́га a long road
Доро́га дли́нная. The road is a long one.
Доро́га длинна́. The road is long.
по́лные стака́ны full glasses
Стака́ны по́лные. The glasses are full to the brim.
Стака́ны полны́. The glasses are full.
прекра́сный го́род a beautiful town
Го́род прекра́сный. The town is a beautiful one.
Го́род прекра́сен. The town is beautiful.

The short form is used much more often in the predicate than the long form:

Путеше́ствие бы́ло прия́тно. The journey was pleasant.
Уро́ки бы́ли скучны́. The lessons were boring.
Пти́цы слышны́ по утра́м. The birds are heard in the mornings.
Рабо́та была́ трудна́. The work was difficult.
Маши́на о́чень удо́бна. The car is very comfortable.
Моя́ мама о́чень умна́. My mother is very clever.

THE NAMES OF RUSSIAN LETTERS

First, learn to say

Как э́то пи́шется?
Kak eta peeshetsa?
How is it written? How do you spell it?

Printed	Approximate Pronunciation	Name
А а	[a] in cat	ah
Б б	[b] in bed	beh
В в	[v] in vodka	veh.
	[f] in off	
Г г	[g] in gold	geh
Д д	[d] in dot	deh
Е е	[ye] in yet	yeh
	[e] in yet	
Ё ё	[yo] in yonder	yoh
Ж ж	[s] in measure	zheh
З з	[s] in please	zeh
И и	[ee] in street	ee
	[i] in sin	
Й й	[y] in young	**И краткое** ee kratkaye
К к	[c] in cover	kah
Л л	[l] in low	el
М м	[m] in mad	em
Н н	[n] in not	en
О о	[o] in north when stressed	oh
	[a] in attorney (when not stressed)	
П п	[p] in plot	peh
Р р	[r] in grey	er
С с	[s] in salt	es
Т т	[t] in town	teh
У у	[oo] in cool	oo
Ф ф	[f] in fee	ef
Х х	[h] in hurry	hah
Ц ц	[tz] in quartz	tseh
Ч ч	[ch] in chunk	cheh
Ш ш	[sh] in shawl	shah
Щ щ	[shch] in hush child	shchah
Ъ ъ	No sound.	**Твёрдый знак** tvyordiy znak
Ы ы	[i] in thing	ih
Ь ь	No sound.	**Мягкий знак** myahkeey znak
Э э	[e] in every	eh
Ю ю	[u] in union	yooh
Я я	[ya] in Yankee	yah

ASKING FOR DIRECTIONS

Most foreigners visiting Russia very wisely do not drive. But it is worthwhile reminding you that different verbs are used for going *on foot* and going *by transport*.

"How to get to?" on foot is **как пройти?**
"How to get to?" by transport is **как проехать?**

When approaching somebody to ask for directions, start by saying "Excuse me": **Извините**, then say: "You will not say" **вы не скажете** ..., "Can't you tell me", which is the equivalent of our "Can you tell me?"

So, to ask the way to the American Embassy on foot, you say:

Извините, вы не скажете, как пройти к Американскому посольству?

If you are driving a car, you say:

Извините, вы не скажете, как проехать к Американскому посольству?

Here are some more examples of asking for directions when you are walking:

Извините, вы не скажете, как пройти...
...к гостинице Россия? to the hotel Russia?
...к Большому Театру? to the Bolshoi Theater?
...к Красной Площади? ...to Red Square?
...к ближайшему банку? ...to the nearest bank?

You may have to ask where something is:

Извините, вы не скажете...
...где здесь находится ближайший туалет?
....where the nearest toilet is?[where here is situated...]
...где здесь находится ближайший телефон-автомат?
...where the nearest public telephone is?

Here are some common directions:

turn **поверните** (or, more colloquial **сверните**)
turn left **поверните налево**
turn right **поверните направо**
... at the next corner **на следующем повороте**
... at the traffic lights **у светофора**
opposite **напротив**
It is opposite the post office. **Это напротив почты.**
in front of **перед**

It is in front of the church. Э́то пе́ред це́рковью.
behind за
It is behind the Hotel Metropole. Э́то за гости́ницей Метропо́ль.
straight пря́мо
Go straight ahead. Иди́те пря́мо.

VOCABULARY

экску́рсия trip, excursion
после́дний last
скоре́е faster, rather
температу́ра temperature
высоко́ high
вы́ше higher
нуль (m) zero
никто́ не рад nobody is happy
тепло́ it is warm
тепло́ (neuter noun) warmth
си́льный strong
ве́тер wind
идёт снег it is snowing
дождь (m) rain
идёт дождь it is raining
ми́нус minus
гра́дус degree (temperature)
не́бо sky
о́блако cloud
о́блачный cloudy
безо́блачный cloudless
голубо́й, -ая, -ое blue
со́лнце sun
сия́ть (impf) to shine
искри́ться (impf) to sparkle
так so
неусто́йчивый changeable
сля́коть (f) slush
под нога́ми under the feet
плыть (impf) to swim, to float
бе́лый, -ая, -ое white
чуде́сный, -ая, -ое wonderful
чуде́сен wonderful (short form of adj.)
невозмо́жно it is impossible
ко́мната room

реша́ть (impf) to decide
реши́ть (perf) to decide
отпра́виться (perf) to set off
зда́ние building
це́рковь (f) church
собо́р cathedral
соверше́нно completely, absolutely
уника́льный, -ая, -ое unique
стро́ить (impf) to build
постро́ить (perf) to build
при Ива́не Гро́зном under/during the reign of Ivan The Terrible
строи́тельство building, construction
зако́нчено finished
архите́ктор architect
ослепи́ть (perf) to blind, to put out someone's eyes
бо́лее more
ужа́сный, -ая, -ое awful, horrible
страна́ country
прекра́сный, -ая, -ое beautiful, pretty
смесь (f) mixture
добро́ good
зло evil
интеллиге́нция intelligentsia
вели́кий great
писа́тель (m) writer
тира́н tyrant
игра́ть to play
золото́й, -ая, -ое golden
ку́пол dome
век century
возврати́ться (perf) to return, come back
верну́ться (perf) to return, go back
монасты́рь (m) monastery, convent
бе́рег bank (of a river, lake)
река́ river

EXERCISES

1. Translate the following sentences into English.

1. В Росси́и хо́лодно зимо́й, но в после́дние пять-семь лет зи́мы бы́ли не о́чень холо́дные.

2. Зимо́й в Росси́и температу́ра ча́сто вы́ше нуля́.

3. Ча́сто быва́ет си́льный ве́тер, и идёт снег с дождём.

4. Когда́ не́бо безо́блачное и голубо́е, и со́лнце сия́ет, и снег искри́тся – в Росси́и чуде́сно.

5. В нача́ле ма́рта пого́да о́чень неусто́йчива в Нью-Йо́рке.

6. Ма́йк прие́хал в Москву́ в са́мом нача́ле весны́.

7. Мы реши́ли отпра́виться на экску́рсию по Москве́.

8. Э́то что за зда́ние?

9. Собо́р Васи́лия Блаже́нного – соверше́нно уника́льное зда́ние.

10. Пу́шкин, Толсто́й и Достое́вский бы́ли вели́кие писа́тели.

11. Дава́йте вернёмся в маши́ну.

12. Новоде́вичий – монасты́рь на берегу́ Москва́-реки.

2. You are going around Moscow. Ask the way to the following places:

1. (by car) the Tretyakov Gallery **Третьяко́вская галлере́я**

2. (on foot) the nearest subway **метро́**

3. (on foot) the nearest department store **универма́г**

4. (on foot) the nearest church **це́рковь**

5. (by car) the nearest hospital **больни́ца**

6. (on foot) the nearest chemist's shop **апте́ка**

7. (on foot) the Lenin Mausoleum **Мавзоле́й Ле́нина**

LESSON 14

8. (by car) Tver street **Тверска́я у́лица**

9. (by car) the university **университе́т**

10. (by car) the Hotel Ukraine **гости́ница "Украи́на"**

3. Translate the following sentences into Russian.

1. As you already know, in Russia it is cold in winter.

2. The temperature is often above zero.

3. Often there is a strong wind.

4. It is snowing.

5. The temperature is minus 10 degrees.

6. The sky is blue, and the sun is shining,

7. It is wonderful here!

8. At the beginning of March, the weather is very changeable.

9. The temperature quickly changes.

10. At night it is minus 20, but by day it is plus 10.

11. Mike came to Moscow at the very beginning of Spring.

12. The day is so nice that it is simply not possible to sit in the hotel.

13. The cathedral was constructed under Ivan the Terrible.

14. It's a beautiful country.

15. Tolstoy was a great writer.

4. True or false?

1. В после́дние пять-семь лет зи́мы в Росси́и бы́ли о́чень холо́дные.

2. В после́дние пять-семь лет температу́ра зимо́й в Росси́и была́ вы́ше нуля́.

3. Никто́ не рад э́тому теплу́.

4. В нача́ле ма́рта в Росси́и но́чью быва́ет плюс 18, а днём – ми́нус 18.

5. Собо́р Васи́лия Блаже́нного – соверше́нно уника́льное зда́ние.

6. Собо́р Васи́лия Блаже́нного был постро́ен при Ива́не Гро́зном.

7. Новоде́вичий – э́то гости́ница на берегу́ Москва́-реки.

МА́ЙК У́ЧИТ РУ́ССКИЙ ЯЗЫ́К
MIKE STUDIES RUSSIAN

Майк наме́рен приезжа́ть в Росси́ю дово́льно ча́сто. Е́сли дела́ по созда́нию совме́стного предприя́тия с ба́нком пойду́т хорошо́, он мог бы проводи́ть в Москве́ от шести́ ме́сяцев до го́да. Поэ́тому он реши́л всерьёз заня́ться ру́сским языко́м.

Mike intends to come to Russia fairly often. If the work [works] on setting up a joint venture with the bank goes well, he could spend from six months to a year in Moscow. Therefore he has decided to study the Russian language seriously.

Ната́ша познако́мила его́ с Андре́ем Ива́новичем Смирно́вым, кото́рый согласи́лся дава́ть Ма́йку ча́стные уро́ки. Сейча́с Майк пришёл к нему́ домо́й и звони́т в дверь ...

Natasha has introduced him to Andrei Ivanovich Smirnov, who has agreed to give Mike private lessons. Mike has just arrived at his home, and rings the bell [Mike came to him to home and is ringing into door] ...

Андрéй Ивáнович	Дóбрый вéчер! Входи́те, пожáлуйста. Good evening. Please come in.
Мáйк	Дóбрый вéчер! Good evening!
Андрéй Ивáнович	Где вы изучáли рýсский? Where did you learn Russian?
Мáйк	Я учи́лся в Амéрике, но тепéрь, когдá я бýду подóлгу жить в Москвé, мне нáдо лýчше знать рýсский. I learned in America, but now that I [when I] shall spend a long time in Moscow, I need to know Russian better.
Андрéй Ивáнович	Чем и́менно вы хотéли бы занятьcя? What exactly would you like to study?
Мáйк	Прéжде всегó мне нáдо расши́рить запáс слов. Когдá я смотрю́ телеви́зор, я понимáю довóльно мнóго. А потóм вдруг попадáются однó-два незнакóмых слóва, и я перестаю́ понимáть, теряю смысл. First of all, I need to increase my vocabulary [stock of words]. When I watch television, I understand quite a lot. But then suddenly one or two unknown words turn up [fall down], and I stop understanding and lose the sense.
Андрéй Ивáнович	У вас хорóшее рýсское произношéние. И вы ужé сейчáс неплóхо говори́те по-рýсски. Я увéрен, что мы смóжем расши́рить ваш словáрный запáс. You have good Russian pronunciation. And you already speak Russian quite well [not badly]. I'm convinced that we can broaden your vocabulary.
Мáйк	Да, я надéюсь ... И ещё однá проблéма – э́то когдá лю́ди говорят бы́стро. По телеви́зору я ещё бóлее-мéнее понимáю нóвости, но по рáдио, когдá нет изображéния, почти́ ничегó не понимáю.

Yes, I hope so...And one more problem – it's when people speak quickly. On television I still more or less understand the news, but on the radio, when there are no images, I understand almost nothing.

Андрей Иванович Я ду́маю, что смогу́ вам помо́чь и в э́том то́же. Ната́ша мне немно́го рассказа́ла о ва́ших тру́дностях, и я пригото́вил програ́мму, кото́рая, я наде́юсь, бу́дет вам поле́зна.
I think I can help you with that, too. Natasha told me a little about your difficulties, and I have prepared a program which, I hope, will be helpful to you.

Майк Пре́жде чем нача́ть, я хоте́л бы вы́яснить всё насчёт опла́ты.
Before starting, I would like to set everything straight [clarify] about payment.

Андрей Иванович Опла́ты? Никако́й опла́ты! Вы друг мое́й хоро́шей знако́мой. Я хочу́ помо́чь вам. Друзья́ для э́того и существу́ют.
Payment? No payment at all! You are a friend of my good friend. I want to help you. That's what friends are for. [Friends for that and exist.]

Майк Прости́те, но я так не могу́. Я наста́иваю.
Excuse me, but I can't do that. I insist.

Андрей Иванович Ну, спаси́бо. Но вы уж тогда́ учи́тесь хорошо́, что́бы я не зря их получа́л!
Well, thank you. But you'll really have to study well, so that I deserve it [I not for nothing receive them]!

GRAMMAR

THE PREPOSITION ПРИ

При takes the prepositional case. It can be translated into English in a number of ways, depending on the context:

1. at, near by, by, close to.
   Маши́на стои́т при вхо́де. The car is standing at the entrance.

2. attached to
   Гара́ж при до́ме. The garage is attached to the house.

3. in the presence of, before, in front of
   Они́ сказа́ли э́то при мне. They said that in my presence.

4. during, in the time of, under (a ruler, goverment, etc.)
   при Коммуни́зме under Communism

5. with, on
   У них все де́ньги при себе́. They have all the money on/with them.

   Она́ нахо́дится при ма́тери. She is with her mother.

   При по́мощи друзе́й всё бу́дет хорошо́. With the help of friends, everything will be O.K.

THE VERBS ПРИЕЗЖА́ТЬ AND ПРИЕ́ЖАТЬ

Приезжа́ть (impf) and **прие́хать** (perf) mean "to arrive, to come." In the narrative at the beginning of this lesson, you saw: **Майк наме́рен приезжа́ть в Росси́ю дово́льно ча́сто.** Here, the imperfective **приезжа́ть** is used because Mike intends to visit Russia frequently on an indefinite basis.

Compare this with: **Майк наме́рен прие́хать в Росси́ю в суббо́ту.** Here Mike intends to complete the process of coming to Russia on Saturday. So **прие́хать** is used.

It is worth learning the conjugation of these verbs.

	приезжа́ть (impf)	прие́хать (perf)
	Present tense	
я	приезжа́ю	THE
ты	приезжа́ешь	PERFECTIVE
он, она́, оно́	приезжа́ет	HAS
мы	приезжа́ем	NO
вы	приезжа́ете	PRESENT
они́	приезжа́ют	TENSE

	приезжа́ть (impf)	прие́хать (perf)
	Future tense	
я	бу́ду приезжа́ть	прие́ду
ты	бу́дешь приезжа́ть	прие́дешь
он, она́, оно́	бу́дет приезжа́ть	прие́дет
мы	бу́дем приезжа́ть	прие́дем
вы	бу́дете приезжа́ть	прие́дете
они́	бу́дут приезжа́ть	прие́дут

КАК AND *КАКО́Й* WITH ADJECTIVES

Как, "how," has only one form and is used with the short form of
the adjective; како́й, -ая, -ое is used with the full form:

Как я глуп/а́! (from глу́пый, -ая, -ое "stupid") How stupid I am!
Кака́я я глу́пая! How stupid I am!

Как ты бле́ден! How pale you are!
Како́й ты бле́дный! How pale you are!

Как она́ умна́! How clever she is!
Кака́я она у́мная! How clever she is!

Как оно́ широко́! How wide it is!
Како́е оно́ широ́кое! How wide it is!

Как мы бедны́! How poor we are!
Каки́е мы бе́дные! How poor we are!

TELLING THE TIME

one o'clock	**час** (nom)
two o'clock	**два часа́** (gen sing)
three o'clock	**три часа́** (gen sing)
four o'clock	**четы́ре часа́** (gen sing)
five o'clock	**пять часо́в** (gen pl)
six o'clock	**шесть часо́в** (gen pl)
seven–twelve o'clock	**7–12 часо́в** (gen pl)
twelve o'clock midnight	**по́лночь**
twelve o'clock midday	**по́лдень**

For "at" a time, **в** is used, followed by the accusative case of the number (which is the same as the nominative). Two, three and four are followed by the genitive singular of **час: часá**. Five through twelve are followed by the genitive plural of **час: часóв**.

at one o' clock	**в час** [no number is needed]
at two o' clock	**в два часá**
at three o' clock	**в три часá**
at four o' clock	**в четы́ре часá**
at five o' clock	**в пять часóв**
at six o' clock	**в шесть часóв**
at seven–twelve o' clock	**в 7–12 часóв**
at twelve o' clock midnight	**в пóлночь**
at twelve o' clock midday	**в пóлдень**

In Russia, as elsewhere, the 24-hour clock is used in official contexts. In order to distinguish between "in the morning/day/evening" and "at night" the genitive singular of the words for day and night is used: **у́тро** becomes **утрá**; **день** becomes **дня**; **вéчер** becomes **вéчера** and **ночь** becomes **нóчи**. So:

at one o'clock at night	**в час нóчи**
at two o'clock in the afternoon	**в два часá дня**
at three o'clock in the morning	**в три часá утрá**
at four o'clock in the afternoon	**в четы́ре часá дня**
at five o'clock in the evening	**в пять часóв вéчера**
at six o'clock in the morning	**в шесть часóв утрá**
at ten o'clock in the evening	**в дéсять часóв вéчера**

Russians tend to have their dinner – **обéд** – at their workplace, between two and three in the afternoon, when many shops and offices are closed. So the expression **пóсле обéда** – "after dinner" – tends to mean "after three o'clock."

In the evening, Russians tend to have a lighter meal **у́жин** – "supper" – at about seven o'clock. So the expression **пóсле у́жина** – "after supper" – tends to mean "after seven o'clock."

HOURS AND MINUTES

For minutes *past* the hour, Russians refer to the *following* hour.

"One minute past six" is literally "one minute of the seventh": **однá минýта седьмóго.**

"Two minutes past six" is "two minutes of the seventh": **две минýты седьмóго.**

"Ten minutes past six" is "ten minutes of the seventh": **десять минут седьмо́го.**

The formula is as follows:

With "one," the feminine nominative **одна́** (cardinal number) , the nominative **мину́та** + **седьмо́го** (ordinal number, gen. masc. sing). The same applies to compound numbers ending in "one": "twenty-one" etc.:

два́дцать одна́ мину́та седьмо́го

With "two," the feminine nominative of the cardinal number, **две,** and the gen. sing. **мину́ты** + **седьмо́го** (ordinal number, gen. masc. sing).

The same applies to compound numbers ending in "two": "twenty-two," "thirty-two," etc.:

тридцать две мину́ты седьмо́го

With "three" and "four," the nominative of the number, **три, четы́ре** and the gen. sing. **мину́ты** + **седьмо́го** (ordinal number, gen. masc. sing).

With other numbers, the nominative of the number and the gen. pl. **мину́т** + the hour (ordinal number, gen. masc. sing)

де́сять (cardinal number) **мину́т** (gen. pl. of **мину́та**) **седьмо́го** (gen. masc. sing).

Here are some examples:

two minutes past twelve	**две мину́ты пе́рвого**
at two minutes past twelve	**в две мину́ты пе́рвого**
five past one	**пять мину́т второ́го**
at five past one	**в пять мину́т второ́го**
twelve minutes past three	**двена́дцать мину́т четвёртого**
at twelve minutes past three	**в двена́дцать мину́т четвёртого**
ten past four	**де́сять мину́т пя́того**
at ten past four	**в де́сять мину́т пя́того**
twenty-eight minutes past six	**два́дцать во́семь мину́т седьмо́го**
at twenty-eight minutes past six	**в два́дцать во́семь мину́т седьмо́го**

A QUARTER PAST *ЧЕ́ТВЕРТЬ,* HALF PAST *ПОЛОВИ́НА*

a quarter past four	**че́тверть пя́того**
at a quarter past four	**в че́тверть пя́того**
half past five	**полови́на шесто́го**

| at half past five | полови́на шесто́го (no **в**) |
| | or **в** полови́не (prepositional) **шесто́го** |

For *"to"* the hour, Russians use **без** – "less" – with the minutes in the genitive. **Мину́т** is frequently omitted. The hour is a cardinal number, in the nominative.

| two minutes to twelve | без двух (мину́т) двена́дцать |
| at two minutes to twelve | без двух (мину́т) двена́дцать |

Note that **в** is not used to indicate "at."

Here are a few more examples:

(at) five to one	без пяти́ (мину́т) час
(at) twelve minutes to three	без двена́дцати (мину́т) три
(at) ten to four	без десяти́ (мину́т) четы́ре
(at) twenty-eight minutes to six	без двадцати́ восьми́ (мину́т) шесть
(at) a quarter to one	без че́тверти час
(at) a quarter to three	без че́тверти три

VOCABULARY

намерева́ться to intend
он наме́рен he intends
приезжа́ть (impf) to come
прие́хать (perf) to come
дово́льно rather, fairly
созда́ние establishing, setting up
проводи́ть to accompany; to spend
провести́ to accompany; to spend
реша́ть to decide
реши́ть to decide
всерьёз seriously
занима́ться (impf) to engage in; to deal with; to study
заня́ться (perf) to engage in; to deal with; to study
заня́ться языко́м to study a language
соглаша́ться (impf) to agree
согласи́ться (perf) to agree
дава́ть ча́стные уро́ки to give private lessons
звони́ть в дверь to ring at the door, to ring the doorbell
подо́лгу a long time
жить (impf) to live, to be alive; to stay or spend time somewhere
мне на́до I must, it is necessary for me; I need
знать to know
лу́чше better

и́менно precisely, specially
чем вы хоте́ли бы..? What would you like to...
пре́жде всего́ first of all
расширя́ть (impf) to broaden, to widen
расши́рить (perf) to broaden, to widen
запа́с store, stock
смотре́ть телеви́зор to watch television
попада́ться (perf) to be caught
незнако́мый, -ая, -ое unknown
переставать (impf) to cease, to stop
переста́ть (perf) to cease, to stop
понима́ть (impf) to understand, to comprehend
поня́ть (perf) to understand, to comprehend
теря́ть (impf) to lose
потеря́ть (perf) to lose
смысл sense, meaning
произноше́ние pronunciation
уве́рен, -а, -о convinced
наде́яться (impf) to hope
по телеви́зору on television
бо́лее-ме́нее more or less
по ра́дио by radio, on the radio
изображе́ние image, picture
тру́дность (f) difficulty, hardship
гото́вить (impf) to prepare, get ready, make
пригото́вить (perf) to prepare, get ready, make
програ́мма program
поле́зный, -ая, -ое useful, beneficial
пре́жде чем before
начина́ть (impf) to start, to begin
нача́ть (perf) to start, to begin
выясня́ть (impf) to clear up, to explain
вы́яснить (perf) to clear up, to explain
насчёт concerning, with regard to, about
опла́та payment, settlement
никако́й, -ая, -ое none, not any
знако́мый (adj) acquainted; (noun) male acquaintance; **-ая** female acquaintance
существова́ть (impf) to exist
проща́ть (impf) to pardon, forgive
прости́ть (perf) to pardon, forgive
наста́ивать (impf) to insist, to stick by
настоя́ть (perf) to insist, to stick by
зря for nothing, in vain

EXERCISES

1. Translate the following sentences into English.

1. Я наме́рен жить в Москве́.

2. Я реши́л всерьёз заня́ться ру́сским языко́м.

3. Профе́ссор согласи́лся дава́ть мне ча́стные уро́ки.

4. Сейча́с Ната́ша пришла́ к нему́ домо́й и звони́т в дверь.

5. Входи́те, пожа́луйста.

6. Где Майк изуча́л ру́сский? В Аме́рике?

7. Да, но тепе́рь ему́ на́до лу́чше знать ру́сский.

8. Ей на́до расши́рить запа́с слов.

9. Когда́ она́ смо́трит телеви́зор, она́ понима́ет дово́льно мно́го.

10. У него́ хоро́шее ру́сское произноше́ние.

11. Она́ пло́хо говори́т по-ру́сски.

12. У меня́ одна́ пробле́ма.

13. Когда́ лю́ди говоря́т бы́стро, я не понима́ю.

14. Ната́ша пригото́вила обе́д.

15. Кни́га бу́дет вам поле́зна.

2. Translate the following sentences into Russian.

1. Mike could spend from six months to a year in Moscow.

2. I decided to study seriously the Russian language.

3. Andrei agreed to give Mike private lessons.

4. Where did you learn English?

5. I shall not stay for a long time in Moscow.

6. We have to know Russian better.

7. When I watch television, I understand quite a lot.

8. I think that I can help you.

3. **кото́рый час?** *What time is it? Answer in Russian.*

1.

2.

3.

4.

5.

6.

7.

8.

9.

10.

4. *True or false?*

1. Майк не намéрен приезжáть чáсто в Россúю.

2. Натáша познакóмила Мáйка с Андрéем Ивáновичем Смирнóвым.

3. Андрéй Ивáнович согласúлся давáть Мáйку чáстные урóки.

4. Мáйк пришёл к Андрéю домóй и позвонúл в дверь.

5. Андрéй спросúл, где Мáйк изучáл рýсский.

6. Тепéрь, когдá Мáйк бýдет подóлгу жить в Москвé, емý нáдо лýчше знать рýсский.

7. Андрéй не спросúл Мáйка, чем úменно он хотéл бы занятться.

8. Прéжде всегó Мáйку нáдо расшúрить свой запáс слов.

9. Когдá Мáйк смóтрит телевúзор, он понимáет довóльно мнóго.

10. Когдá попадáются однó-два незнакóмых слóва, Мáйк совсéм перестаёт понимáть и теряет смысл.

11. У Мáйка хорóшее рýсское произношéние, и он ужé неплóхо говорúт по-рýсски.

12. Андрéй увéрен, что онú смóгут расшúрить словáрный запáс Мáйка.

13. Когдá лúди говорят бúстро по рáдио, Мáйк не понимáет.

14. По телевúзору Мáйк бóлее-мéнее понимáет нóвости, но по рáдио, когдá нет изображéния, он почтú ничегó не понимáет.

15. Натáша ничегó не расскáзывала Андрéю о трýдностях Мáйка.

REVIEW OF LESSONS 12–15

1. *Read the text of lesson 12 out loud.*

МА́ЙК Е́ДЕТ В РОССИ́Ю

Ма́йк прилете́л из Нью-Йо́рка в Москву́ ночны́м ре́йсом.
Самолёт приземли́лся в три часа́ дня по моско́вскому вре́мени.
Ма́йк прошёл че́рез пограни́чный контро́ль и тамо́женный
досмо́тр. В за́ле прибы́тия бы́ло о́чень мно́го наро́ду.
Пассажи́ры с трудо́м проти́скивались сквозь толпу́. Ма́йк сра́зу
уви́дел табли́чку со свои́м и́менем...

Ма́йк	Ната́ша?
Ната́ша	Да. А вы, наве́рное, Ма́йк? Добро́ пожа́ловать в Москву́!
Ма́йк	Я о́чень рад встре́титься с ва́ми.
Ната́ша	Мы так мно́го говори́ли по телефо́ну! И, наконе́ц, мы встре́тились ли́чно. А э́то для вас! (Она́ даёт ему́ буке́т цвето́в.)

Майк	Цветы́? Как прия́тно! Большо́е спаси́бо.
Ната́ша	Здесь так мно́го люде́й и так шу́мно. Мы лу́чше поговори́м в маши́не.
	(Они́ выхо́дят из аэропо́рта и садя́тся в маши́ну.)
Ната́ша	Как вы долете́ли?
Майк	Прекра́сно! Я о́чень хорошо́ пообе́дал, вы́пил два стака́на джи́на с то́ником и всё остально́е вре́мя спал.
Ната́ша	Зна́чит, вы не о́чень уста́ли.
Майк	Совсе́м не уста́л. Но я бы хоте́л приня́ть душ. Я немно́го вспоте́л. В аэропорту́ бы́ло о́чень жа́рко.
Ната́ша	Я предлага́ю пое́хать пря́мо в гости́ницу, что́бы вы смогли́ освежи́ться, распакова́ть чемода́ны и устро́иться. А о́коло 7 часо́в ве́чера мы зае́дем за ва́ми и пое́дем обе́дать.
Майк	Мы?
Ната́ша	Я прие́ду с мои́м нача́льником. Он о́чень хо́чет встре́титься с ва́ми.
Майк	Это но́вый нача́льник?
Ната́ша	Да. Он рабо́тал в отделе́нии на́шего ба́нка в Варша́ве. Он прие́хал к нам приме́рно шесть ме́сяцев наза́д.

Маши́на бы́стро мча́лась по Тверско́й – бы́вшей у́лице Го́рького. Вдруг Майк спроси́л:

Майк	Что э́то?
Ната́ша	Это моско́вский Кремль. Мы недалеко́ от Кра́сной пло́щади. А вот и ва́ша гости́ница.

2. *Translate Lesson 12 into English and check your translation against ours on pages 143–45.*

3. *Read Lesson 13 out loud.*

В ГОСТИ́НИЦЕ

Гости́ница "Звезда́" нахо́дится недалеко́ от Кра́сной пло́щади. Это но́вая ча́стная гости́ница. Она́ небольша́я: в ней всего́ со́рок номеро́в. Майк с Ната́шей подхо́дят к столу́ регистра́ции...

Администра́тор	Здра́вствуйте. Вы зака́зывали но́мер?
Майк	Да, заказа́л.
Ната́ша	Вот ко́пия фа́кса, в кото́ром вы подтвержда́ете, что зака́з при́нят.

Администра́тор	Хорошо́. Ваш па́спорт, пожа́луйста.
Ната́ша	Вот он.
Администра́тор	Спаси́бо. Вы смо́жете получи́ть его́ за́втра у́тром.
Майк	Скажи́те, пожа́луйста, в но́мере есть телеви́зор?
Администра́тор	Коне́чно. Пять кана́лов рабо́тают на ру́сском языке́. И есть ещё оди́н кана́л, по кото́рому мо́жно смотре́ть переда́чи Си-Эн-Эн. Они́ передаю́т це́лый день по-англи́йски.
Майк	Зна́ете ли вы, когда́ передаю́т но́вости?
Администра́тор	Извини́те меня́, то́чно не по́мню. Но вся информа́ция есть в но́мере на ру́сском и на англи́йском языка́х.
Майк	Спаси́бо. А как здесь мо́жно постира́ть ве́щи? И есть ли тут химчи́стка?
Администра́тор	Éсли вы отдади́те нам те ве́щи, кото́рые ну́жно постира́ть и почи́стить, до 12 часо́в дня, они́ бу́дут гото́вы к 8 часа́м утра́ на сле́дующий день.
Майк	Прекра́сно! Что ещё? Да! Чуть не забы́л! Есть ли у вас каки́е-нибу́дь англи́йские и́ли америка́нские газе́ты?
Администра́тор	Да, мы получа́ем англи́йскую "Та́ймс" и америка́нскую "Нью-Йо́рк Гера́льд Трибью́н." Но они́ прихо́дят к нам на два дня по́зже.
Майк	Как рабо́тает ваш рестора́н? Когда́ он откры́т?
Администра́тор	У нас нет рестора́на. Но здесь за угло́м, совсе́м бли́зко, есть рестора́н.
Майк	А где мо́жно поза́втракать?
Администра́тор	У нас есть буфе́т с лёгкими заку́сками и пи́ццей на второ́м этаже́. Меню́ есть в ва́шем но́мере. Вы мо́жете позвони́ть го́рничной и заказа́ть за́втрак пря́мо в но́мер, éсли хоти́те.
Майк	Спаси́бо. Вы о́чень помогли́ мне.

4. *Now translate lesson 13 and check your version against ours on pages 153–55.*

5. *Read Lesson 14 out loud.*

ЭКСКУ́РСИЯ ПО МОСКВЕ́

В Росси́и хо́лодно зимо́й. Но в после́дние пять-семь лет зи́мы бы́ли не о́чень холо́дные. Скоре́е да́же о́чень не холо́дные, с температу́рой ча́сто вы́ше нуля́.

Но никто́ не рад э́тому теплу́: ча́сто быва́ет си́льный ве́тер, идёт снег с дождём ... А когда́ температу́ра, ска́жем, ми́нус 20 гра́дусов, и не́бо безо́блачное и голубо́е, и со́лнце сия́ет, и снег искри́тся – здесь чуде́сно!

А в нача́ле ма́рта пого́да о́чень неусто́йчива. Но́чью – ми́нус 18, а днём – плюс 4! На у́лице сля́коть под нога́ми.

Майк прие́хал в Москву́ в са́мом нача́ле весны́. Сия́ет со́лнце; по голубо́му не́бу плыву́т ма́ленькие бе́лые облака́. День так чуде́сен, что про́сто невозмо́жно сиде́ть в ко́мнате, и они с Ната́шей реши́ли отпра́виться на экску́рсию по Москве́.

Ната́ша	Э́то Кра́сная пло́щадь.
Майк	А э́то что за зда́ние? Це́рковь?
Ната́ша	Да, э́то собо́р Васи́лия Блаже́нного. Соверше́нно уника́льное зда́ние. Бы́ло постро́ено при Ива́не Гро́зном. Говоря́т, что, когда́ строи́тельство бы́ло зако́нчено, архите́кторов ослепи́ли.
Майк	Ослепи́ли? Но почему́?
Ната́ша	Что́бы они́ не могли́ постро́ить ещё что-нибу́дь, бо́лее краси́вое.
Майк	Ужа́сно! Ну и страна́!
Ната́ша	Да. Э́та страна́ ужа́сна и, в то же вре́мя, – прекра́сна. Смесь добра́ и зла. Страна́ ру́сской интеллиге́нции и вели́ких писа́телей, таки́х как Пу́шкин, Толсто́й, Достое́вский, и страна́ тира́нов, как Ива́н Гро́зный и Ста́лин ...
Майк	Посмотри́те! Как здо́рово игра́ет со́лнце на тех золоты́х купола́х!
Ната́ша	Да. Э́то Кремль. Он был постро́ен ещё в 12-ом ве́ке. Но дава́йте вернёмся в маши́ну. Я хочу́, что́бы мы пое́хали посмотре́ть Новоде́вичий.
Майк	Что э́то тако́е?
Ната́ша	Э́то монасты́рь на берегу́ Москва́-реки, постро́енный ещё до Петра́ Пе́рвого.

5. *Translate Lesson 14 and check your version against ours on pages 163 – 65.*

6. *Now read Lesson 15 out loud.*

МА́ЙК У́ЧИТ РУ́ССКИЙ ЯЗЫ́К.

Ма́йк наме́рен приезжа́ть в Росси́ю дово́льно ча́сто. Éсли дела́ по созда́нию совме́стного предприя́тия с ба́нком пойду́т хорошо́, он мог бы проводи́ть в Москве́ от шести́ ме́сяцев до го́да. Поэ́тому он реши́л всерьёз заня́ться ру́сским языко́м. Ната́ша познако́мила его́ с Андре́ем Ива́новичем Смирно́вым, кото́рый согласи́лся дава́ть Ма́йку ча́стные уро́ки. Сейча́с Ма́йк пришёл к нему́ домо́й и звони́т в дверь...

Андре́й Ива́нович	Дóбрый ве́чер! Входи́те, пожа́луйста.
Ма́йк	Дóбрый ве́чер!
Андре́й Ива́нович	Где вы изуча́ли ру́сский?
Ма́йк	Я учи́лся в Аме́рике, но тепе́рь, когда́ я бу́ду подо́лгу жить в Москве́, мне на́до лу́чше знать ру́сский.
Андре́й Ива́нович	Чем и́менно вы хоте́ли бы заня́ться?
Ма́йк	Пре́жде всего́ мне на́до расши́рить запа́с слов. Когда́ я смотрю́ телеви́зор, я понима́ю дово́льно мно́го. А пото́м вдруг попада́ются одно́-два незнако́мых сло́ва, и я перестаю́ понима́ть, теря́ю смысл.
Андре́й Ива́нович	У вас хоро́шее ру́сское произноше́ние. И вы уже́ сейча́с непло́хо говори́те по-ру́сски. Я уве́рен, что мы смо́жем расши́рить ваш слова́рный запа́с.
Ма́йк	Да, я наде́юсь... И ещё одна́ пробле́ма – э́то когда́ лю́ди говоря́т бы́стро. По телеви́зору я ещё бо́лее-ме́нее понима́ю но́вости, но по ра́дио, когда́ нет изображе́ния, почти́ ничего́ не понима́ю.
Андре́й Ива́нович	Я ду́маю, что смогу́ вам помо́чь и в э́том то́же. Ната́ша мне немно́го рассказа́ла о ва́ших тру́дностях, и я пригото́вил програ́мму, кото́рая, я наде́юсь, бу́дет вам поле́зна.
Ма́йк	Пре́жде чем нача́ть, я хоте́л бы вы́яснить всё насчёт опла́ты.
Андре́й Ива́нович	Опла́ты? Никако́й опла́ты! Вы друг мое́й хоро́шей знако́мой. Я хочу́ помо́чь вам. Друзья́ для э́того и существу́ют.
Ма́йк	Прости́те, но я так не могу́. Я наста́иваю.
Андре́й Иванович	Ну, что ж, спаси́бо. Но вы уж тогда́ учи́тесь хорошо́, что́бы я не зря их получа́л!

7. *Translate Lesson 15 into English and check your version against ours on pages 176–78.*

8. *Put the words in brackets into the correct form.*

1. Сейча́с он (находи́ться) в (кабине́т) своего́ (колле́га).

2. Мы бу́дем говори́ть по (телефо́н).

3. Вчера́ (ве́чер) мы (гуля́ть) по (у́лицы) в (це́нтр) (Москва́).

4. Воло́дя с (Ната́ша) обсужда́ли письмо́ к (господи́н Ро́джерс).

5. В де́сять (час) (ве́чер) я пил (во́дка) в (рестора́н) с (Ива́н).

6. Извини́те, вы не (сказа́ть), как пройти́ к (Америка́нское посо́льство)?

7. Извини́те, вы не (сказа́ть), как прое́хать к (Кра́сная Пло́щадь)?

8. Извини́те, вы не (сказа́ть), как пройти́ к (ближа́йший банк)?

9. Извини́те, вы не (сказа́ть), где здесь нахо́дится (ближа́йший туале́т)?

10. Поверни́те напра́во на (сле́дующий поворо́т). Э́то пе́ред (це́рковь).

В РЕСТОРÁНЕ
IN THE RESTAURANT

Мáйк прóбыл в Москвé ужé óколо двух недéль. Чéрез пять-шесть дней он возвратѝтся в Соединённые Штáты. Сегóдня вéчером он пригласѝл Натáшу пообéдать с ним ...

Mike has already been in Moscow for about two weeks. He will return to the United States in five or six days. This evening he has invited Natasha to have dinner with him.

Натáша	**Большóе спасѝбо за приглашéние, Мáйк!**
	Many thanks for the invitation, Mike!
Мáйк	**Я ужé двáжды был здесь. Онѝ вкýсно готóвят. Обéд из пятѝ блюд с вóдкой, винóм, шампáнским и коньякóм.**
	I have been here twice already. The food's tasty. [They tastily prepare.] The dinner is five courses [dishes] with vodka, wine, champagne and cognac.

Официа́нт	Что вы хоти́те на заку́ски?
Waiter	What would you like [want] for starters?
Ната́ша	А мо́жно посмотре́ть меню́?
	Is it possible to look at the menu?
Официа́нт	Извини́те, но у нас нет меню́. Зато́ у нас есть ры́ба, икра́, колбаса́, сала́ты ...
	Sorry, but we don't have a menu. However, we have fish, caviar, sausage, salads …
Майк	Мы бы хоте́ли всего́ – понемно́жку.
	We'd like a little of everything [of all – a tiny bit].
Официа́нт	А пе́рвое? У нас сего́дня о́чень вку́сная соля́нка по-моско́вски.
	And (for) the first (course)? Today we have a very tasty solyanka soup, Moscow style.
Ната́ша	Я люблю́ соля́нку.
	I like solyanka.
Майк	Хорошо́. Две соля́нки, пожа́луйста.
	Good. Two solyankas, please.
Официа́нт	Что на горя́чее? Ры́ба и́ли мя́со?
	What for the main [hot] course? Fish or meat?
Майк	Что вы нам посове́туете?
	What do you recommend? [What you to us advise?]
Официа́нт	У нас сего́дня осетри́на – э́то о́чень вку́сно!
	Today we have sturgeon – it's very tasty.
Майк	Осетри́на мне подхо́дит. А что вы реши́ли, Ната́ша?
	Sturgeon suits [to] me. And what have you decided, Natasha?
Ната́ша	Я, пожа́луй, возьму́ мя́со. Что у вас есть?
	I think I'll take the meat. What do you have?
Официа́нт	Котле́ты по-ки́евски – о́чень рекоменду́ю. Хотя́ наш беф-стро́ганов то́же счита́ется лу́чшим в Москве́.
	Chicken Kiev – I strongly recommend (it). Although our beef stroganoff is also considered the best in Moscow.

Ната́ша	Э́то впечатля́ет. Тогда́ для меня́ – беф-стро́ганов.
	That's impressive [impresses]. Then for me – beef stroganoff.
Официа́нт	А на десе́рт у нас есть ...
	And for dessert we have …
Майк	Нет, нет, не сейча́с! Посмо́трим, чего́ нам захо́чется к концу́ обе́да. Вот тогда́ и реши́м.
	No, no, not now! Let's see what we want [of what to us it wants] towards the end of the meal. And then we'll decide.
Официа́нт	Что бу́дете пить? Во́дка? Коне́чно! И шампа́нское! Буты́лка кра́сного вина́ к мя́су и буты́лка бе́лого к ры́бе.
	What will you drink? Vodka? Of course! And champagne! A bottle of red wine with [to] the meat and a bottle of white with the fish.
Майк	Замеча́тельно! Ну, Ната́ша – тост. За на́шу дру́жбу!
	Wonderful! Well Natasha, a toast. To our friendship!

GRAMMAR

ЕСТЬ AND ПИТЬ

Two commonly used verbs you will need to learn are **есть** "to eat" and **пить** "to drink" in the imperfective, and **съесть** and **вы́пить** in the perfective. Their conjugations are shown in the table opposite.

N.B.: students of Russian frequently confuse the present tense of **есть** with that of **éхать** "to go" (lesson 4). Compare the two conjugations and learn them!

	IMPERFECTIVE		PERFECTIVE	
	есть	пить	съесть	вы́пить

Present tense

я	ем	пью	THE
ты	ешь	пьёшь	PERFECTIVE
он, она́, оно́	ест	пьёт	HAS
мы	еди́м	пьём	NO
вы	еди́те	пьёте	PRESENT
они́	едя́т	пьют	TENSE

Past tense

я, ты	ел, -а	пил, -а	съел, -а	вы́пил, -а
он	ел	пил	съел	вы́пил
она́	е́ла	пила́	съе́ла	вы́пила
оно́	е́ло	пи́ло	съе́ло	вы́пило
мы, вы, они́	е́ли	пи́ли	съе́ли	вы́пили

Future tense

я	бу́ду есть	бу́ду пить	съем	вы́пью
ты	бу́дешь есть	бу́дешь пить	съешь	вы́пьешь
он, она́, оно́	бу́дет есть	бу́дет пить	съест	вы́пьет
мы	бу́дем есть	бу́дем пить	съеди́м	вы́пьем
вы	бу́дете есть	бу́дете пить	съеди́те	вы́пьете
они́	бу́дут есть	бу́дут пить	съедя́т	вы́пьют

Imperative

ешь	пей	съешь	вы́пей
е́шьте	пе́йте	съе́шьте	вы́пейте

The imperfective verbs **брать** "to take" and **класть** "to put, to place" have perfective forms which are derived from different roots: **взять** and **положи́ть**.

	IMPERFECTIVE		PERFECTIVE	
	брать	класть	взя́ть	положи́ть
	Present tense			
я	беру́	кладу́	THE	
ты	берёшь	кладёшь	PERFECTIVE	
он, она́, оно́	берёт	кладёт	HAS	
мы	берём	кладём	NO	
вы	берёте	кладёте	PRESENT	
они́	беру́т	кладу́т	TENSE	
	Past tense			
я	брал	клал	взял	положи́л
ты	брал/а́	клал/а́	взял/а́	положи́л/а
он	брал	клал	взял	положи́л
она́	брала́	клала́	взяла́	положи́ла
оно́	бра́ло	кла́ло	взяло́	положи́ло
мы	бра́ли	кла́ли	взя́ли	положи́ли
вы	бра́ли	кла́ли	взя́ли	положи́ли
они́	бра́ли	кла́ли	взя́ли	положи́ли
	Future tense			
я	бу́ду брать	бу́ду класть	возьму́	положу́
ты	бу́дешь брать	бу́дешь класть	возьмёшь	поло́жишь
он, она́, оно́	бу́дет брать	бу́дет класть	возьмёт	поло́жит
мы	бу́дем брать	бу́дем класть	возьмём	поло́жим
вы	бу́дете брать	бу́дете класть	возьмёте	поло́жите
они́	бу́дут брать	бу́дут класть	возьму́т	поло́жат
	Imperative			
	бери́	клади́	возьми́	положи́
	бери́те	клади́те	возьми́те	положи́те

THE INTERROGATIVE PRONOUN

The interrogative pronoun **чей?** "whose?" has three gender forms in the singular.

	Masculine	Singular Feminine	Neuter	Plural All genders
Nom.	чей	чья	чьё	чьи
Acc.	чей/чьего	чью	чьё	чьи/чьих
Gen.	чьего	чьей	чьего	чьих
Dat.	чьему	чьей	чьему	чьим
Instr.	чьим	чьей/чьею	чьим	чьими
Prep.	чьём	чьей	чьём	чьих

Here are some examples. Note that **чей** here is accompanied by **это**:

чей	**Чей это дом?**
	Whose house is that?

чья	**Чья это рубашка?**
	Whose shirt is that?

чьё	**Чьё это яблоко?**
	Whose apple is that?

чьи	**Чьи это книги?**
	Whose books are these?

THE PREPOSITIONS ÓКОЛО AND ЧЕ́РЕЗ

The preposition **около** means: around, round about, approximately, almost. It is frequently used in time-related expressions, as in the dialog for this lesson:

Майк пробыл в Москве уже около двух недель.
Mike has already been in Moscow for about two weeks.

The preposition **через** takes the accusative and is used in expressions of *location* – across, through, via, over and *time* - in, within, after:

Location:

Мы прилетели в Москву через Лондон.
We flew to Moscow via London.

Я поеду домой через мост.
I am going home across the bridge.

Time:

Она́ бу́дет до́ма че́рез час.
She will be home in an hour.

Че́рез пять-шесть дней он возврати́тся в Соединённые Шта́ты.
He will return to the United States in five to six days.

NOUNS WITH CARDINAL AND COMPOUND NUMBERS

As described in Lesson 13, in Russian all cardinal numbers decline. Nouns following **оди́н, одна́, одно́** "one" stay in the nominative form. Nouns following **два** "two" (masculine and neuter) or **две** (feminine) are in the genitive *singular*.

The numbers **три** "three" and **четы́ре** "four" take the same form for nouns of all genders. Like **два** or **две** they are also followed by nouns in the genitive *singular*.

With the exception of compound numbers, all other cardinals from five onwards are followed a noun in the by the genitive *plural*: Thus:

пять часо́в; шестьдеся́т рубле́й

Compound numbers (twenty-one, thirty-three, fifty-six, etc.) are followed by a noun governed by the *last* number:

два́дцать оди́н стол
три́дцать два стола́
три́дцать две кни́ги
со́рок три рубля́
со́рок три кни́ги
пятьдеся́т четы́ре рубля́
пятьдеся́т четы́ре кни́ги
шестьдеся́т пять рубле́й .
шестьдеся́т шесть ко́пий

ЖЕ FOR EMPHASIS

Же is often used to emphasise a word to which it is attached:

он же the very same man
она́ же the very same woman
сего́дня же this very day
И что же э́то тако́е? And just what is that? And what on earth is that?

VOCABULARY

пробы́ть (perf) to stay, to pass, stop (for a time)
возвраща́ться (impf) to return
возврати́ться (perf) to return
спаси́бо за приглаше́ние thanks for the invitation
два́жды twice
вку́сно it is tasty
вку́сно гото́вить to prepare something tasty
блю́до dish, course in a meal
обед из пяти́ блюд a five course meal
шампа́нское champagne
конья́к cognac
зато́ but, however
ры́ба fish
икра́ caviar
колбаса́ sausage
сала́т salad
всего́ понемно́жку a little of everything
соля́нка по-моско́вски solyanka soup, Moscow style
горя́чий, -ая, -ee hot
горя́чее блю́до main course
мя́со meat
сове́товать (impf) to advise
посове́товать (perf) to advise, to recommend
осетри́на sturgeon
мне (ему́, им etc.) подхо́дит it suits me (him, them, etc.)
пожа́луй perhaps, very likely, I dare say
брать (impf) to take
взять (perf) to take
котле́ты cutlets
котле́ты по-ки́евски chicken Kiev (cutlets of chicken with garlic sauce)
рекомендова́ть (impf) to recommend
порекомендова́ть (perf) to recommend
беф-стро́ганов beef stroganoff
счита́ться (impf) to be considered, to consider
впечатля́ть (impf) to impress
десе́рт dessert
захоте́ться (perf) to desire, to want
вы́пить (perf) to drink up
буты́лка bottle
тост toast
дру́жба friendship

за дру́жбу to friendship
класть (impf) to put, to place
положи́ть (perf) to put, to place

EXERCISES

1. Translate the following sentences into English.

1. Мы про́были в Ми́нске уже́ о́коло пяти́ неде́ль.

2. Че́рез три дня я возвраща́юсь в Росси́ю.

3. Вчера́ я пригласи́л его́ пообе́дать со мно́й.

4. У них сего́дня о́чень вку́сное мя́со.

5. Что вы мне сего́дня посове́туете?

6. Я возьму́ буты́лку кра́сного вина́.

7. Че́рез неде́лю мы возврати́мся в Росси́ю.

8. Сего́дня ве́чером мы пригласи́ли Ива́на пообе́дать с на́ми.

9. Большо́е спаси́бо за приглаше́ние.

10. Мы никогда́ там не́ были.

11. Мо́жно посмотре́ть меню́?

12. Я о́чень люблю́ ры́бу и мя́со.

13. Осетри́на - ры́ба. Э́то о́чень вку́сно!

14. На́ши котле́ты по-ки́евски счита́ются лу́чшими в Москве́.

15. Я хочу́ буты́лку кра́сного вина́ к мя́су и буты́лку бе́лого - к ры́бе.

2. Translate these sentences into Russian

1. In six days they will return to the United States.

2. I invited my friends to have dinner with me this evening.

3. Many thanks for the invitation.

4. The dinner is five courses, with vodka, wine, champagne and cognac.

5. We were here yesterday.

6. I've never been there.

7. Is it possible to look at the menu?

8. Do you have fish?

9. Do you have meat ?

10. I like red wine.

11. What do you recommend?

12. To our friendship!

3. *Put the words in brackets into the correct form.*

1. Она́ пробыла́ в (Москва́) уже́ о́коло (две неде́ли).

2. Вчера́ (ве́чер) мы (пригласи́ть) (Ната́ша) пообе́дать с (мы).

3. Обе́д из (четы́ре) блюд с (во́дка, вино́, шампа́нское и конья́к).

4. Ната́ша никогда́ там не (быть).

5. У нас нет (ры́ба, икра́, колбаса́, сала́ты).

6. У (они́) сего́дня хоро́шая осетри́на, но их беф-стро́ганов счита́ется (лу́чший) в (Москва́).

7. Мы посмо́трим, (что) нам захо́чется к (коне́ц) (обе́д).

8. Мы (быть) пить (буты́лка) (кра́сное вино́).

4. True or false?

1. Майк про́был в Москве́ уже́ о́коло шести́ неде́ль.

2. Че́рез пять-шесть дней Майк возврати́тся в Соединённые Шта́ты.

3. Сего́дня ве́чером Ната́ша пригласи́ла Майка пообе́дать с ней.

4. Майк уже́ был в рестора́не.

5. В рестора́не есть ры́ба, икра́, колбаса́ и сала́ты.

6. Ната́ша лю́бит соля́нку.

7. Осетри́на Майку не подхо́дит.

8. Беф-стро́ганов счита́ется лу́чшим в Санкт-Петербу́рге.

ВЕ́ЧЕР В ТЕА́ТРЕ

AN EVENING IN THE THEATER

Ната́ша пригласи́ла Ма́йка в Моско́вский Худо́жественный Теа́тр. Там они́ посмотре́ли дра́му Анто́на Че́хова "Вишнёвый Сад" в но́вой постано́вке. Спекта́кль был великоле́пный.

Natasha invited Mike to the Moscow Arts Theater. There, they saw a new production of Anton Chekhov's "The Cherry Orchard." The performance was magnificent.

Ната́ша: Вам понра́вилась пье́са?
Did you like the play?

Ма́йк: Ещё бы! Э́то бы́ло замеча́тельно! Актёры о́чень хорошо́ игра́ли. А как в Москве́ с биле́тами? Тру́дно доста́ть?
I should say! It was remarkable! The actors performed very well. But what's it like getting tickets in Moscow [how in Moscow with tickets]? Are they difficult to get?

Ната́ша: По-ра́зному. У нас пье́сы Че́хова о́чень лю́бят и ча́сто прихо́дится стоя́ть в о́череди. Обы́чно все биле́ты быва́ют распро́даны за не́сколько дней до спекта́кля и остаю́тся то́лько стоя́чие места́.

It depends. Chekhov's plays are very popular here [At us plays of Chekhov very love] and you often have to stand in line. All the tickets are usually sold out several days before the performance and only standing room is left.

Ма́йк: А вы ча́сто хо́дите в теа́тр?

And do you often go to the theater?

Ната́ша: Да, но мне бо́льше нра́вится бале́т. Бале́т – мо́ё люби́мое иску́сство. О́чень люблю́ и кино́. Но смотре́ть телеви́зор, по-мо́ему, поте́ря вре́мени.

Yes, but I prefer ballet. Ballet is my favorite art (form). I also love the movies. But watching [to watch] television is, in my opinion, a waste of time.

Ма́йк: По пра́вде сказа́ть, бале́т не о́чень люблю́. По-мо́ему, кино́ интере́снее, чем теа́тр. Что сейча́с идёт в кинотеа́трах? Не могли́ бы вы посове́товать хоро́ший, ру́сский фильм я могу́ посмотре́ть?

To tell the truth, I don't like ballet much. In my opinion the movies are more interesting than the theater. What's on at the movies at present? Could you recommend a good Russian movie I can go and see?

Ната́ша: Мой люби́мый, ру́сский фильм - э́то "Война́ и Мир" Бондарчука́. Вы смотре́ли?

My favorite Russian movie is Bondarchuk's "War and Peace." Have you seen it?

Ма́йк: Да. Зна́ете, мно́го лет наза́д я посмотре́л америка́нскую инсцениро́вку рома́на Толсто́го "Война́ и Мир," но ду́маю что ру́сский фильм лу́чше.

Yes. You know, many years ago I saw the American version of Tolstoy's novel "War and Peace," but I think that the Russian movie is better.

Ната́ша: Я по́льностью согла́сна с ва́ми. Мы одина́ково ду́маем о мно́гих веща́х, Ма́йк. А сейча́с, ча́ю хоти́те?

I agree with you entirely. We think the same about a lot of things, Mike. And now, would you like some tea?

Майк:	Ну что́ вы! Я угощу́ вас бока́лом шампа́нского! Пошли́!
	Oh come on! I'll treat you to a glass of champagne. Let's go!

GRAMMAR

THE PRESENT PERFECT CONTINUOUS

The present tense can be used for an action which has been taking place for some time and which *is still continuing*. Compare:

Ната́ша уже́ пять лет живёт в Москве́.
Natasha *has been living* in Moscow for five years already. (She still does.)

Ива́н жил пять лет в Москве́. Ivan *lived* in Moscow for five years. (He no longer lives there.)

ГОД AND ЛЕТ WITH NUMBERS

Год means "year" and **лет** is the genitive plural of **ле́то**, "summer". **Лет** is used to mean "years" after:

- numbers which require the *genitive plural* (five, six, etc.) when they are in the nominative or genitive case;

- numbers two, three and four when in the genitive case.

Here are some examples:

один год	**Он про́жил здесь то́лько оди́н год.** He lived here for only one year.
два го́да	**Она́ изуча́ла ру́сский язы́к два го́да.** She studied Russian for two years.
три го́да	**Я не́ был в Ми́нске три го́да.** I haven't been to [was not in] Minsk for three years.
четы́ре го́да	**Э́тот дом стро́или четы́ре го́да.** They were building this house for four years.
пять лет	**В Моско́вском университе́те у́чатся пять лет.** In Moscow State University they study for five years.
шесть лет	**Они́ встре́тились то́лько че́рез шесть лет.** They only met after six years.

THE PARTITIVE GENITIVE, "SOME"

Compare the following pairs of sentences:

Да́йте мне хлеб, пожа́луйста. Give me the bread please.
Да́йте мне хле́ба, пожа́луйста. Give me some bread please.
Переда́й мне соль, пожа́луйста! Pass me the salt please!
Доба́вь со́ли в суп. Add some salt to the soup.
Вы хоти́те чай и́ли ко́фе? Would you like tea or coffee?
Хоти́те ча́ю? Would you like some tea?

The genitive case is used when the word "some" is understood in the sentence.

THE COMPARATIVE

In English, we use "more" for the comparative of many adjectives. So do the Russians: by means of the word **бо́лее**, which is an unchangeable adverb:

бо́лее интере́сный фильм	a more interesting movie
в бо́лее интере́сном фи́льме	in a more interesting movie
бо́лее краси́вая страна́	a more beautiful country
в бо́лее краси́вой стране́	in a more beautiful country
бо́лее краси́вое о́зеро	a more beautiful lake
на берегу́ бо́лее краси́вого о́зера	on the bank of a more beautiful lake

The Russian for "less" is **ме́нее**, which works in exactly the same way:

ме́нее интере́сный фильм a less interesting movie
ме́нее интере́сная кни́га a less interesting book
ме́нее интере́сное собы́тие a less interesting event

Russian also has a comparative form similar to our "-er" (i.e. "stronger," "longer"): -ee or -ée is added to the stem of the adjective. If the resulting word has only two syllables, the end is -ée (i.e. stressed). If it has three or more syllables, the stress is usually as on the ordinary form of the adjective.

дли́нный long	**длинне́е** longer
си́льный strong	**сильне́е** stronger
краси́вый beautiful	**краси́вее** more beautiful

Exceptions are **горяче́е** hotter, and **холодне́е** colder.

This form is also unchangeable:

Э́тот фильм интере́снее. This movie is more interesting.
Э́та доро́га длинне́е. This road is longer.
Э́то о́зеро краси́вее. This lake is more beautiful.

Note that if the comparative comes before the noun, the **бо́лее** form *must* be used:

Э́то бо́лее интере́сный фильм. It is a more interesting movie.

After the noun, both forms can be used:

Э́тот фильм интере́снее.
This movie is more interesting.

Э́тот фильм бо́лее интере́сный.
This movie is more interesting.

Some special forms to learn are:

большо́й big	**бо́льше** bigger
ма́ленький small	**ме́ньше** smaller
хоро́ший good	**лу́чше** better
плохо́й bad	**ху́же** worse

THAN, ЧЕМ

Э́тот фильм ме́нее интере́сный, чем "Война́ и Мир."
This movie is less interesting than "War and Peace."

Э́та кни́га интере́снее, чем друга́я.
This book is more interesting than the other.

Э́то о́зеро ме́нее интере́сное, чем Байка́л.
This lake is less interesting than Lake Baikal.

MUCH (MORE), ГОРА́ЗДО

Э́тот фильм гора́здо интере́снее, чем "Война́ и Мир".
This movie is much more interesting than "War and Peace."

Э́та кни́га гора́здо интере́снее, чем друга́я.
This book is much more interesting than the other.

Э́то о́зеро гора́здо краси́вее, чем Байка́л.
This lake is much more beautiful than (Lake) Baikal.

Пить минера́льную во́ду гора́здо лу́чше, чем пить во́дку.
To drink mineral water is much better than to drink vodka.

THE SUPERLATIVE

A simple way to form the superlative is to use the unchangeable adverb **наибо́лее** "the most":

Э́то наибо́лее интере́сный фильм. It is the most interesting movie.
Э́то наибо́лее краси́вая страна́. It is the most beautiful country.
Э́то наибо́лее ску́чное ме́сто. It is the most boring place.

Another way to form the superlative is to use **са́мый** "the very," or "the most." **са́мый** declines like an adjective, and agrees in gender, number and in case with the adjective which it precedes:

Э́то са́мый интере́сный фильм. It is the most interesting film.
Э́то са́мая интере́сная страна́. It is the most interesting country.
Э́то са́мое ску́чное ме́сто. It is the most boring place.

Compare:

В наибо́лее ску́чных места́х в э́той кни́ге ...
In the most boring places in this book ...

В са́мых ску́чных места́х в э́той кни́ге ...
In the most boring places in this book ...

Yet another way of forming the superlative is to use the comparative followed by the genitive singular or plural of **всё: всего́, всех**:

Я бо́льше всего́ люблю́ бале́т.
I like ballet most of all.

Бо́льше всех компози́торов я люблю́ Чайко́вского.
Of all composers I love Tchaikovsky the most.

VOCABULARY

теа́тр theater
бале́т ballet
дра́ма drama
постано́вка production
спекта́кль (m) performance
великоле́пный, -ая, -ое magnificent
нра́виться (impf) to please
понра́виться (perf) to please
ещё бы I should say!
замеча́тельный, -ая, -ое remarkable
игра́ть (impf) to play, perform
поигра́ть (perf) to play, perform

биле́т ticket
достава́ть (impf) to obtain, get
доста́ть (perf) to obtain, get
по-ра́зному it depends
пье́са play
приходи́ться (impf) to have to
прийти́сь (perf) to have to
распро́дан, -а, -о sold (out)
за не́сколько дне́й for several days before
остава́ться (impf) to remain, be left over
оста́ться (perf) to remain, be left over
стоя́чее ме́сто standing room
люби́мый, -ая, -ое favorite
иску́сство art
кино́, кинотеа́тр movies, movie theater
поте́ря вре́мени a waste of time
по пра́вде сказа́ть to tell the truth
о́пера opera
пока́зывать (impf) to show, stage
показа́ть (perf) to show, stage
инсцениро́вка dramatisation, adaptation
рома́н novel
по́лностью completely
одина́ково the same way
ну что́ вы! Oh come on!
угоща́ть (impf) to treat
угости́ть (perf) to treat
бока́л glass
бо́лее more
ме́нее less
гора́здо much (more)
бо́льше more
о́зеро lake
страна́ country

EXERCISES

1. Translate the following sentences into English.

1. Я бу́ду приглаша́ть Ната́шу в Большо́й теа́тр на бале́т ка́ждую неде́лю.

2. Вчера́ ве́чером спекта́кль в теа́тре был великоле́пный.

LESSON 18

3. Мно́го лет наза́д я жил в А́фрике.

4. Я о́чень хочу́ посмотре́ть фильм "Война́ и Мир."

5. Э́тот фильм интере́снее/бо́лее интере́сный чем друго́й.

6. Э́та кни́га бо́лее интере́сная, чем друга́я.

7. Моя́ жизнь стано́вится всё ху́же и ху́же.

8. Жизнь моего́ отца́ станови́лась всё лу́чше и лу́чше, когда́ он жил в Аме́рике.

9. Что вам бо́льше нра́вится, кино́ и́ли телеви́дение?

2. *Put the words in brackets into the correct form.*

1. Вчера́ ве́чером мы (пригласи́ть) её в теа́тр на (пье́са).

2. Мно́го (ле́то) наза́д я (смотре́ть) фильм Бондарчука́ "Война́ и мир."

3. Они́ (ви́деть) э́тот фильм вчера́, ион (они́) о́чень (понра́виться).

4. У (мы) пье́сы (Че́хов) о́чень (люби́ть).

5. Вчера́ (ве́чер) они́ (угоща́ть) (я) бока́лом (шампа́нское).

6. Скажи́те (я), что (вы) бо́льше нра́вится, мя́со и́ли ры́ба?

7. По (пра́вда) сказа́ть, я не о́чень люблю́ (ры́ба).

8. Мы всегда́ одина́ково (ду́мать) о (мно́гие) веща́х. Смотре́ть телеви́зор, по-моему, поте́ря (вре́мя).

3. *Translate the following sentences into Russian.*

1. Ivan invited me to the theater, to a ballet.

2. The opera was magnificent.

3. That is remarkable!

4. Many years ago I lived in Russia.

5. I saw that film too.

6. I like to watch television very much.

7. The theater is more interesting than both opera and ballet.

8. Could you recommend a good Russian play?

4. *True or false?*

1. Ната́ша пригласи́ла Ма́йка в Большо́й теа́тр на бале́т.

2. Ма́йк сказа́л, что спекта́кль был замеча́тельный.

3. Мно́го лет наза́д Ма́йк смотре́л фильм "Война́ и мир."

4. Ната́ша не ви́дела э́тот фильм.

5. Ната́ша ча́сто хо́дит в теа́тр.

6. Ната́ше бо́льше нра́вится о́пера.

7. Ната́ша о́чень лю́бит телеви́дение, и ду́мает, что кино́ – э́то поте́ря вре́мени.

8. Ма́йк ду́мает, что ру́сский фильм лу́чше.

МÁЙК ВОЗВРАЩÁЕТСЯ В АМÉРИКУ

MIKE GOES BACK TO AMERICA

Мáйк с Натáшей сидя́т в ресторáне, располóженном над зáлом вы́лета в Шеремéтьево-2. Они́ приéхали тудá óчень рáно, и у них достáточно врéмени, чтобы вы́пить кóфе и поговори́ть ...

Mike and Natasha are sitting in the restaurant situated above the departure hall of Sheremetyevo-2. They arrived there very early, and they have enough time to drink coffee and to talk ...

Мáйк	**Мы одинáково дýмаем о мнóгих вещáх, Натáша. Мы óчень хорошó лáдим друг с дрýгом, и мне прия́тно рабóтать с вáми. Но я почти́ ничегó не знáю о вас.**

We think identically about many things, Natasha. We get on with each other very well, and for me it's a pleasure to work with you. But I know almost nothing about you. [But I almost nothing do not know about you.]

Ната́ша	Да почти́ и не́чего знать, Майк. Я родила́сь в Новосиби́рске, учи́лась здесь, в Москве́, в Моско́вском госуда́рственном университе́те. Пото́м получи́ла рабо́ту в ба́нке. Well, there's almost nothing to know, Mike. I was born in Novosibirsk, studied here in Moscow, at the Moscow State University. Then I got a job [received work] in the bank.
Майк	Вы о́чень ми́лая и обая́тельная же́нщина, Ната́ша. Мне о́чень прия́тно быть в ва́шем о́бществе. You're a kind, charming woman, Natasha. It's very pleasant to be in your company.
Ната́ша	И мне то́же легко́ с ва́ми. С ва́ми я могу́ говори́ть о чём-уго́дно. Жаль, что вам на́до возвраща́ться в Аме́рику. And I'm comfortable with you [to me easy with you] too. With you I can talk about anything. What a pity that you have to go back to America.
Майк	Да ... Но ведь у вас есть погово́рка: "Без разлу́к не быва́ет встреч". Ско́ро мы бу́дем вме́сте рабо́тать в Нью-Йо́рке. Yes ... But you have a saying, don't you: "Without partings, there are no meetings." Soon we shall work together in New York.
Ната́ша	Да, пра́вильно. Зна́ете, я бу́ду о́чень мно́го рабо́тать, что́бы всё зако́нчить до своего́ отъе́зда. Yes, that's right. You know, I'm going to do a lot of work in order to finish every thing before my departure.
Майк	Я был здесь то́лько три с полови́ной неде́ли, а вы бу́дете у нас полго́да. Мы смо́жем осмотре́ть весь Нью-Йо́рк. И не то́лько! Мои́ роди́тели уже́ проси́ли меня́ пригласи́ть вас к ним в Лос-А́нжелес. I was only here for three and a half weeks, but you'll be with us for half a year. We'll be able to look around all New York. And not only that. My parents have already asked me to invite you to them in Los Angeles.
Ната́ша	Отку́да они́ мо́гут знать обо мне?

How could they have heard [From where could they know] about me?

Майк Я мно́го говори́л им о вас по телефо́ну. Им не те́рпится познако́миться с ва́ми ли́чно.
I spoke to them a lot about you on the phone. They can't wait to get to know you in person.

(Го́лос из громкого-вори́теля) Пассажи́ры, сле́дующие ре́йсом 341 в Нью-Йо́рк! Вас про́сят пройти́ на регистра́цию в зал вы́лета, сто́йка но́мер три!
(Voice from the loud-speaker) Passengers proceeding on flight 341 to New York! Please go to the check-in [You they ask to ...] in the departure hall, desk number three!

Ната́ша Э́то ваш ре́йс, Майк! Вам на́до идти́!
That's your flight, Mike! You have to go!

Майк Да. Пора́ ... Ната́ша, у меня́ к вам одна́ про́сьба. Я был бы сча́стлив, е́сли бы мы могли́ перейти́ на "ты." Но, коне́чно, я не зна́ю ва́ших тради́ций и не хочу́ ника́к вас оби́деть!
Yes. It's time ... Natasha, I have a request for you. I would be happy if we could change over to (using) "thou." But of course, I don't know your traditions and I don't want to offend you in any way!

Ната́ша Спаси́бо, Майк! Вы ника́к не мо́жете меня́ оби́деть! Напро́тив! Я сама́ ду́мала об э́том и вы, то́ есть, коне́чно, ты! – про́сто прочита́л мои́ мы́сли. А тепе́рь пора́ проща́ться. До свида́ния, Майк! Я бу́ду о́чень ждать встре́чи с тобо́й!
Thank you, Mike. You can't offend me in any way. On the contrary. I was thinking about it myself, and you – that is, of course, thou! – simply read my thoughts. And now it's time to say farewell. Goodbye Mike! I shall very much look forward to meeting you. [I shall very wait meeting with thee.]

Майк До свида́ния, Ната́ша! Мне бу́дет о́чень не хвата́ть тебя́.
Goodbye Natasha! I shall miss you a lot. [To me it will very not to be sufficient of thee.]

GRAMMAR

POSSESSIVES

Мой, моя, моё "mine" and наш, наша, наше "ours" are declined as follows:

	Singular			Plural
	Masculine	Feminine	Neuter	All genders
Nom.	мой/наш	моя́/на́ша	моё/на́ше	мои́/на́ши
Acc	мой/наш	мою́/на́шу	моё/на́ше	мои́х/на́ших
	моего́/на́шего			мои́/на́ши
Gen.	моего́/на́шего	мое́й/на́шей	моего́/на́шего	мои́х/на́ших
Dat.	моему́/на́шему	мое́й/на́шей	моему́/на́шему	мои́м/на́шим
Instr.	мои́м/на́шим	мое́й/мое́ю/	мои́м/на́шим	мои́ми/
		на́шей		на́шими
Prep.	моём/на́шем	мое́й/на́шей	моём/на́шем	мои́х/на́ших

The possessives твой "your (thy)" and ваш "your" follow the same pattern.

Его́ means "his", "its," её means "her," and их means "their." Unlike the other pronouns, they do not change according to the gender of what is "possessed," nor do they decline:

Я разгова́риваю со свои́м студе́нтом.
I am talking with my student (male).

Я разгова́риваю с его́ студе́нтом/студе́нткой.
I am talking with his student (male/female).

Я разгова́риваю с её студе́нтом.
I am talking with her student (male).

Я разгова́риваю с их студе́нтом.
I am talking with their student (male).

Я разгова́риваю с их студе́нтами.
I am talking with their students.

Он разгова́ривает с мои́ми студе́нтами.
He is talking with my students.

Она́ рабо́тает недалеко́ от моего́ до́ма.
She works not far from my house.

Она́ рабо́тает недалеко́ от его́ до́ма.
She works not far from his house.

Она́ рабо́тает недалеко́ от её да́чи.
She works not far from her (some other female's) country house.

Она́ рабо́тает недалеко́ от их до́ма.
She works not far from their house.

Свой, своя́, своё means "one's own" and is used to denote possession of something by *the subject of the verb*. Look at the following examples:

Она́ разгова́ривает со свое́й попу́тчицей.
She is chatting with her travelling companion.

Ма́йк сра́зу уви́дел табли́чку со свои́м и́менем.
Mike straight away saw the sign with his name.

У неё своя́ отде́льная кварти́ра в Москве́
She has her own separate/private apartment in Moscow

In the last example, the impersonal "**У неё**" means "she has," and "she" can be regarded as the subject of the sentence, even though "she" is not in the nominative **она́**. Similarly:

Мне ну́жно взять свою́ кни́гу. I must take my book.
Тебе́ ну́жно взять свою́ кни́гу. You must take your book.
Ему́ ну́жно написа́ть свой докла́д. He must write his report.
Им ну́жно взять свои́ кни́ги. They must take their books.

Now, look at some examples of the use of **мой, моя́, моё** from the course:

Бале́т - <u>моё</u> люби́мое иску́сство.
Ballet is my favorite art.

Мы должны́ обсуди́ть вопро́с с <u>мои́м</u> нача́льником.
We must discuss the question with my boss.

Смотре́ть телеви́зор, по-<u>мо́ему</u>, поте́ря вре́мени.
To watch television is, in my opinion (**мне́ние**), a waste of time.

In these sentences, *the subject* of the sentence is not the "possessor": the object of the sentence does not belong exclusively to the subject.

However, sometimes **мой, моя, моё,** and **свой, своя, своё** *are* interchangeable:

Я прие́ду с мои́м нача́льником./Я прие́ду со свои́м нача́льником.
I will come with my boss./I will come with my boss.

Она́ в кабине́те своего́ нача́льника./Она́ в кабине́те её нача́льника.
She is in the office of her boss./She is in the office of her boss.

The interchangeability seems to be possible because one cannot really "possess" a boss, but he or she is, after all, one's own boss!

However, **Она́ в кабине́те её нача́льника** can mean both "She is in the office of her (own) boss" and "She is in the office of her (some other female's) boss." The sentences **Он в кабине́те её нача́льника** and **Она́ в кабине́те его́ нача́льника** are however unambiguous.

ВЕСЬ

Весь, вся, всё; все "all", "whole" is declined as follows:

	Singular			Plural
	Masculine	Feminine	Neuter	All genders
Nom.	весь	вся	всё	все
Acc.	весь/всего́	всю	всё	все/всех
Gen.	всего́	всей	всего́	всех
Dat.	всему́	всей	всему́	всем
Instr.	всем	всей	всем	все́ми
Prep.	всём	всей	всём	всех

Here are some examples of **весь, вся, всё, все** from the course. Note that **всё** can mean "everything" as well as "all":

Ша́пка – два́дцать пять ты́сяч, перча́тки – две ты́сячи и двена́дцать ты́сяч за сапоги́. Всего́ три́дцать де́вять ты́сяч. (in all)
Twenty-five thousand (for) the hat, the gloves – two thousand, and twelve thousand for the shoes. Thirty-nine thousand altogether/in all.

Там так мно́го экспона́тов! И все – шеде́вры! (all of them)
There are so many exhibits there. And they're all masterpieces!

Вся информа́ция есть в но́мере. (all)
All the information is in the (hotel) room.

Я хоте́л бы вы́яснить все насчёт опла́ты. (everything)
I would like to make everything clear about payment.

Мы смо́жем осмотре́ть весь Нью-Йо́рк. (all, the whole of)
We can look round the whole of New York.

Я бу́ду стара́ться все зако́нчить до своего́ отъе́зда. (everything)
I shall try to finish everything before my departure.

Все can also combine with other words, for emphasis. Here are some examples from the course:

Сего́дня она́ все ещё в Санкт-Петербу́рге. (still, even yet)
Today, she is still in St. Petersburg.

И все равно́ бы́ло ма́ло. (all the same)
And, all the same , there was (very) little.

Все лу́чше и лу́чше. (ever)
Better and better still / still better and better.

VOCABULARY

располо́женный, -ая, -ое situated
над above
доста́точно sufficiently, enough
ла́дить друг с дру́гом to get on well with one another
получи́ть рабо́ту to get a job
ми́лый nice
обая́тельный charming
же́нщина woman
о́бщество society, company
быть в ва́шем о́бществе to be in your company
говори́ть о чём-уго́дно to talk about anything
жаль pity, what a shame
ведь after all, you see
разлу́ка parting
осма́тривать (impf) to examine, to visit, to inspect
осмотре́ть (perf) to examine, to visit, to inspect
не то́лько not only
роди́тели parents
обо мне́ about me
терпе́ние patience
мне/нам/им не те́рпится I/we/they (etc.) can't wait
ли́чно in person

пассажи́р passenger
сле́довать (impf) to follow, to proceed
после́довать (perf) to follow, to proceed
сле́дующий, -ая, -ее following, proceeding
про́сьба request
у меня́ к вам про́сьба I'd like to ask you a favour
гора́здо much, far
просто́й, -а́я, -о́е simple, easy
про́ще simpler, easier
счастли́вый, -ая, -ое happy, fortunate
сча́стлив, -а, -о happy, fortunate (short form)
сча́стье happiness
переходи́ть (impf) to cross, to go over; to change over to
перейти́ (perf) to cross, to go over; to change over to
тради́ция tradition
ника́к in no way
оби́да insult, injury
обижа́ть (impf) to offend
оби́деть (perf) to offend
напро́тив quite the opposite, on the contrary
мысль thought
проща́ться (impf) to say goodbye
прости́ться (perf) to say goodbye
не хвата́ть to lack, to miss
го́лос voice
гро́мко loudly
громкоговори́тель loudspeaker
да́ча country house

EXERCISES

1. Translate the following sentences into English

1. Мы прие́хали сюда́ о́чень ра́но, и у нас есть мно́го вре́мени, что́бы поговори́ть.

2. Я сиде́л в рестора́не и пил ко́фе.

3. Мы мо́жем говори́ть о мно́гих веща́х.

4. Майк с Ната́шей о́чень хорошо́ ла́дят друг с дру́гом.

5. Мне о́чень прия́тно рабо́тать с тобо́й.

6. Я почти́ ничего́ не зна́ю о жи́зни в Аме́рике.

7. Ма́йк получи́л рабо́ту в о́фисе в Москве́.

8. Ната́ша о́чень ми́лая и обая́тельная же́нщина.

9. Нам бы́ло о́чень прия́тно в их о́бществе.

10. Когда́ им на́до возвраща́ться в Аме́рику?

11. Мы мно́го говори́ли Ната́ше об Аме́рике по телефо́ну.

2. *Put the words in brackets into the correct form.*

1. Ско́ро они́ (быть) вме́сте рабо́тать в (Росси́я).

2. Я хочу́ всё зако́нчить до (свой отъе́зд).

3. Ма́йк был здесь в (Вашингто́н) то́лько три с (полови́на) (неде́ля).

4. Мои́ роди́тели уже́ проси́ли (я) пригласи́ть (он) к (они́) в Ло́ндон.

5. Отку́да они́ зна́ли обо (я)?

6. У (я) к (вы) одна́ про́сьба.

7. Я бу́ду о́чень ждать (встре́ча) с (ты)!

8. У (мы) мно́го (вре́мя), чтобы поговори́ть.

9. Мы мо́жем говори́ть о (мно́гие ве́щи).

10. Они́ о́чень хорошо́ ла́дят друг с (друг).

11. Мне о́чень прия́тно рабо́тать с (вы).

12. Они́ получи́ли (рабо́та) в (рестора́н) в (Минск).

13. (Я) бы́ло о́чень прия́тно в их (о́бщество).

14. Мы мно́го говори́ли (Ната́ша) об (Аме́рика) по (телефо́н).

3. *Translate the following sentences into Russian.*

1. We are sitting in the restaurant and drinking beer.

2. I arrived there very early.

3. I have a lot of time.

4. I love to drink coffee.

5. They get on with each other very well.

6. It's pleasant for me to work with them.

7. I know almost nothing about him.

8. He knows almost nothing about her.

9. It is very pleasant for me to be in your company.

10. In a month we shall work together in Moscow.

11. She was only here for six and a half weeks.

12. I can't wait to get to know you in person.

4. *True or false?*

1. Майк и Наташа одинаково думают о многих вещах.

2. Они не очень хорошо ладят друг с другом.

3. Майку очень неприятно работать с Наташей.

4. Наташа родилась в Новосибирске, но училась в Московском государственном университете.

5. Майк думает, что Наташа очень милая и обаятельная женщина.

6. С Майком Наташа может говорить о чём-угодно.

7. Майк с Наташей осмотреть будут весь Нью-Йорк.

8. Родители Майка живут в Вашингтоне.

REVIEW OF LESSONS 17–19

1   *Read Lesson 17 aloud.*

МÁЙК ПРИГЛАШÁЕТ НАТÁШУ В РЕСТОРÁН.

Мáйк прóбыл в Москвé ужé óколо двух недéль. Чéрез пять-шесть дней он возвратúтся в Соединённые Штáты. Сегóдня вéчером он пригласúл Натáшу пообéдать с ним ...

Натáша	Большóе спасúбо за приглашéние, Мáйк!
Мáйк	Я ужé двáжды был здесь. Онú вкýсно готóвят. Обéд из пятú блюд с вóдкой, винóм, шампáнским и коньякóм.
Официáнт	Что вы хотúте на закýски?
Натáша	А мóжно посмотрéть меню́?
Официáнт	Извинúте, но у нас нет меню́. Затó у нас есть рыба, икрá, колбасá, салáты ...
Мáйк	Мы бы хотéли всегó - понемнóжку.
Официáнт	А пéрвое? У нас сегóдня óчень вкýсная солянка по-москóвски.

Ната́ша	Я люблю́ соля́нку.
Майк	Хорошо́. Две соля́нки, пожа́луйста.
Официа́нт	Что на горя́чее? Ры́ба или мя́со?
Майк	Что вы нам посове́туете?
Официа́нт	У нас сего́дня осетри́на - э́то о́чень вку́сно!
Майк	Осетри́на мне подхо́дит. А что вы реши́ли, Ната́ша?
Ната́ша	Я, пожа́луй, возьму́ мя́со. Что у вас есть?
Официа́нт	Котле́ты по-ки́евски о́чень рекоменду́ю. Хотя́ наш беф-стро́ганов то́же счита́ется лу́чшим в Москве́.
Ната́ша	Э́то впечатля́ет. Тогда́ для меня́ - беф-стро́ганов.
Официа́нт	А на десе́рт у нас есть ...
Майк	Нет, нет, не сейча́с! Посмо́трим, чего́ нам захо́чется к концу́ обе́да. Вот тогда́ и реши́м.
Официа́нт	Что бу́дете пить? Во́дка?.. Коне́чно! И шампа́нское! Буты́лка кра́сного вина́ к мя́су и буты́лка бе́лого к ры́бе.
Майк	Замеча́тельно! Ну, Ната́ша – тост. За на́шу дру́жбу!

2. *Translate Lesson 17 into English, and check your version against ours on pages 194–96.*

3. *Read Lesson 18 out loud.*

ВЕ́ЧЕР В ТЕА́ТРЕ

Ната́ша пригласи́ла Ма́йка в Моско́вский Худо́жественный Теа́тр. Там они́ посмотре́ли дра́му Анто́на Че́хова "Вишнёвый Сад" в но́вой постано́вке. Спекта́кль был великоле́пный.

Ната́ша	Вам понра́вилась пье́са?
Майк	Ещё бы! Э́то бы́ло замеча́тельно! Актёры о́чень хорошо́ игра́ли. А как в Москве́ с биле́тами? Тру́дно доста́ть?
Ната́ша	По-ра́зному. У нас пье́сы Че́хова о́чень лю́бят и ча́сто прихо́дится стоя́ть в о́череди. Обы́чно все биле́ты быва́ют распро́даны за не́сколько дней до спекта́кля и остаю́тся то́лько стоя́чие места́.
Майк	А вы ча́сто хо́дите в теа́тр?
Ната́ша	Да, но мне бо́льше нра́вится бале́т. Бале́т – моё люби́мое иску́сство. О́чень люблю́ та́кже кино́. Но смотре́ть телеви́зор, по-мо́ему, поте́ря вре́мени.

Майк	По пра́вде сказа́ть, бале́т не о́чень люблю́. По-мо́ему, кино́ интере́снее, чем теа́тр. Что сейча́с идёт в кинотеа́трах? Не могли́ бы вы посове́товать хоро́ший, ру́сский фильм я могу́ посмотре́ть?
Ната́ша	Мой люби́мый, русский фильм - э́то "Война́ и Мир" Бондарчука́. Вы смотре́ли?
Майк	Да. Зна́ете, мно́го лет наза́д я посмотре́л америка́нскую инсцениро́вку рома́на Толсто́го "Война́ и Мир," но ду́маю что ру́сский фильм лу́чше.
Ната́ша	Я по́лностью согла́сна с ва́ми. Мы одина́ково ду́маем о мно́гих веща́х, Майк. А сейча́с, ча́ю хоти́те?
Майк	Ну что́ вы? Я угощу́ вас бока́лом шампа́нского! Пошли́!

4. *Translate Lesson 18 into English, and check your version against ours on pages 205–207.*

5. *Read Lesson 19 aloud.*

МА́ЙК ВОЗВРАЩА́ЕТСЯ В АМЕ́РИКУ.

Майк с Ната́шей сидя́т в рестора́не, располо́женном над за́лом вы́лета в Шереме́тьево-2. Они́ прие́хали туда́ о́чень ра́но, и у них доста́точно вре́мени, чтобы вы́пить ко́фе и поговори́ть ...

Майк	Мы одина́ково ду́маем о мно́гих веща́х, Ната́ша. Мы о́чень хорошо́ ла́дим друг с дру́гом, и мне прия́тно рабо́тать с ва́ми. Но я почти́ ничего́ не зна́ю о вас.
Ната́ша	Да почти́ и не́чего знать, Майк. Я родила́сь в Новосиби́рске, учи́лась здесь, в Москве́, в Моско́вском госуда́рственном университе́те. Пото́м получи́ла рабо́ту в ба́нке.
Майк	Вы о́чень ми́лая и обая́тельная же́нщина, Ната́ша. Мне о́чень прия́тно быть в ва́шем о́бществе.
Ната́ша	И мне то́же легко́ с ва́ми. С ва́ми я могу́ говори́ть о чём-уго́дно. Жаль, что вам на́до возвраща́ться в Аме́рику.
Майк	Да ...Но ведь у вас есть погово́рка: "Без разлу́к не быва́ет встреч." Ско́ро мы бу́дем вме́сте рабо́тать в Нью-Йо́рке.

Ната́ша	Да, пра́вильно. Зна́ете, я бу́ду о́чень мно́го рабо́тать, что́бы всё зако́нчить до своего́ отъе́зда.
Майк	Я был здесь то́лько три с полови́ной неде́ли, а вы бу́дете у нас полго́да. Мы смо́жем осмотре́ть весь Нью-Йо́рк. И не то́лько! Мои́ роди́тели уже́ проси́ли меня́ пригласи́ть вас к ним в Лос-А́нжелес.
Ната́ша	Отку́да они́ мо́гут знать о́бо мне?
Майк	Я мно́го говори́л им о вас по телефо́ну. Им не те́рпится познако́миться с ва́ми ли́чно.
(Го́лос)	Пассажи́ры, сле́дующие ре́йсом 341 в Нью-Йо́рк! Вас про́сят пройти́ на регистра́цию в зал вы́лета, сто́йка но́мер три!
Ната́ша	Это ваш рейс, Майк! Вам на́до идти́!
Майк	Да. Пора́ ... Ната́ша, у меня́ к вам одна́ про́сьба. Я был бы сча́стлив, е́сли бы мы могли́ перейти́ на "ты." Но, коне́чно, я не зна́ю ва́ших тради́ций и не хочу́ ника́к вас оби́деть!
Ната́ша	Спаси́бо, Майк! Вы ника́к не мо́жете меня́ оби́деть! Напро́тив! Я сама́ ду́мала об э́том и вы, то-есть, коне́чно, ты! – про́сто прочита́л мои́ мы́сли. А тепе́рь пора́ проща́ться. До свида́ния, Майк! Я бу́ду о́чень ждать встре́чи с тобо́й!
Майк	До свида́ния, Ната́ша! Мне бу́дет о́чень не хвата́ть тебя́.

6. *Translate Lesson 19 into English, and check your version against ours on pages 214–16.*

KEY TO THE EXERCISES

It does not matter if your translations into English are not the same, word for word, as ours. The important thing is that the *meaning* should be the same.

LESSON 1

Exercise 1

1. Tennis 2. Dollar 3. Basketball 4. Doctor 5. New York
6. California 7. Baseball 8. University 9. Address 10. Pepsi Cola
11. Office 12. Football 13. President Clinton 14. President Bush
15. Telephone 16. Bar 17. Restaurant 18. Boris Yeltsin 19. Mafia
20. Taxi

Exercise 2

1. А а 2. Я я 3. Э э 4. Е е 5. Ы ы 6. И и 7. О о 8. Ё ё 9. У у
10. Ю ю

Exercise 3

1. з 2. м 3. с 4. р 5. т 6. р 7. к 8. ь 9. ф 10. я 11. р 12. с
13. о ... д 14. ф 15. й 16. т

Exercise 4

1. четы́ре 2. де́сять 3. де́вять 4. во́семь 5. нуль 6. четы́ре
7. де́сять 8. семь 9. пять 10. шесть

LESSON 2

Exercise 1

1. vodka 2. fact 3. plan 4. professor 5. class (= class/classroom)
6. Lenin 7. Gorbachev 8. canal 9. student 10. Bolshoi Ballet
11. port 12. film 13. baggage/luggage 14. bazaar

Exercise 2

1. Э́то кни́га 2. Э́то бага́ж 3. Э́то стол 4. Э́то ру́чка 5. Э́то стул

Exercise 3

1. Да, э́то Па́вел.
2. Нет, э́то не кни́га. Э́то стол.
3. Да, э́то ру́чка.
4. Нет, э́то не Андре́й Ива́нович. Э́то Па́вел.
5. Да, э́то стол.
6. Нет, э́то не стол. Э́то стул.
7. Нет, э́то не Па́вел. Э́то Андре́й Ива́нович.

Exercise 4

1. Аме́рика 2. президе́нт 3. Университе́т 4. ко́ка-ко́ла
5. бейсбо́л 6. во́дка 7. до́ктор 8. студе́нт/студе́нтка 9. пе́пси-ко́ла 10. Калифо́рния

LESSON 3

Exercise 1

1. sport, sport 2. film, feelm 3. taxi, taksee 4. telephone, tyelyefon
5. center, tsentr 6. car, aftamabeel 7. football, footbol 8. tzar, tsar
9. excursion, ekskoorseeya 10. theater, tyeatr 11. iceberg, aysbyerg
12. author, aftar

Exercise 2

1. Нет, я не из Ло́ндона.
2. Нет, он не из Новосиби́рска.
3. Нет, она́ не из Москвы́.
4. Нет, они́ не из Аме́рики.
5. Нет, я не из А́нглии.
6. Нет, он не из Берли́на.
7. Нет, она́ не из Сан-Франци́ско.
8. Нет, они́ не из Нью-Йо́рка.

Exercise 3

1. Да, я профе́ссор.
2. Да, он бухга́лтер.
3. Да, она́ студе́нтка.
4. Да, они́ врачи́.

5. Да, я преподава́тель.
6. Да, он пило́т.
7. Да, она́ преподава́тельница.
8. Да, они́ пило́ты.

Exercise 4

1. А 2. Б 3. Б 4. А 5. В 6. В 7. А 8. В

Exercise 5

1. I am very glad to meet you.
2. Natalya Ivanovna works in a bank.
3. Pavel lives in Moscow, but he was born in San Francisco.
4. Andrei Ivanovich is not an accountant. He teaches at the university.
5. He is not from Moscow, but he works in Moscow.
6. I work in America.
7. Andrei is not an American, nor a Russian. He is a Belorussian.
8. Is she Russian or an American?
9. Is this book in Russian or in English?

Exercise 6

1. T 2. F 3. T 4. F 5. F 6. T 7. T 8. T 9. F 10. T
Did you understand question 10 "You are learning Russian"? If so, you really are making progress!

LESSON 4

Exercise 1

1. в командиро́вку 2. в Москве́ 3. в ба́нке 4. самолёт 5. у Ива́на 6. свою́ рабо́ту 7. на рабо́те ... в университе́те 8. от Москвы́ до Ми́нска 9. по у́лице 10. у меня́ ... по́езд 11. на Кавка́з самолётом 12. с Ива́ном по телефо́ну 13. из Ми́нска ... в Москве́ 14. о матема́тике 15. Москву́ ... Нью-Йо́рк

Exercise 2

1. иду́ 2. е́дет 3. лети́м 4. лета́ете 5. рабо́тает 6. люблю́ 7. лю́бит 8. идёт 9. хо́дим 10. живу́т

Exercise 3

1. I am an American (female).
2. I live in an apartment in New York.
3. My father and my mother do not live in New York.

4. They live and work in California.
5. My father is an accountant, and my mother is a doctor.
6. I work in an office.
7. I like my work very much.
8. Usually I go to the airport by bus, but today I am going there by taxi.
9. My work is hard [heavy], but very interesting.
10. Now I am going home from work.

Exercise 4

1. Мо́й оте́ц и моя́ мать живу́т в Москве́.
2. Как ва́ша мать?
3. Я не люблю́ Санкт-Петербу́рг.
4. Большо́й чемода́н тяжёлый.
5. Чемода́нчик лёгкий. (Ма́ленький чемода́н - лёгкий.)
6. Я быва́ю в Москве́ три-четы́ре дня ка́ждый ме́сяц.*
7. Ната́лья у Ива́на.
8. Мы лети́м в Москву́ че́рез три часа́.

* Note that "a month" in English here means "every month".

Exercise 5

1. F 2. T 3. T 4. F 5. F 6. T 7. F 8.F 9. F 10. T

LESSON 5

Exercise 1

1. Ма́йк живёт и рабо́тает в Нью-Йо́рке.
2. Ната́ша рабо́тает в ба́нке в Москве́.
3. Её оте́ц и её мать живу́т в Ми́нске.
4. У меня́ есть своя́ отде́льная кварти́ра.
5. Сейча́с Ната́ша в гости́нице.
6. Ей тру́дно позвони́ть своему́ колле́ге Воло́де.
7. Воло́дя и Ма́йк бы́ли о́чень за́няты.
8. Когда́ мы мо́жем встре́титься?

Exercise 2

1. домо́й 2. в кабине́те 3. до́ма 4. на столе́ 5. Мне ... в Москве́
6. её 7. меня́ 8. у нас 9. Его́ ... в Москве́

Exercise 3

1. бу́ду 2. рабо́тали 3. говори́т 4. бы́ли 5. иду́ 6. е́здит
7. живёт 8. бу́дет 9. был 10. звони́л

Exercise 4

1. I do not like working in Moscow.
2. It is now eight o'clock.
3. Is it convenient for [to] you to meet at three?
4. They will wait for us at five thirty in the bank.
5. Mike sent us a lot of wine.
6. My father likes his job (work) very much.
7. I have four tickets for the theater.
8. Where is Andrei (Andrew)? He's not at home.
9. Volodya will go with you, if you wish.

Exercise 5

1. T 2. T 3. F 4. F 5. T 6. T 7. F 8. T

LESSON 6

Review Exercise 1

1. Аме́рика 2. Нью-Йо́рк 3. президе́нт 4. о́фис 5. студе́нт
6. студе́нтка 7. во́дка 8. пило́т 9. студе́нты 10. аэропо́рт

Review Exercise 2

А. 8	Б. 3	В. 7	Г. 4	Д. 2	Е. 1
Ё. 5	Ж. 6	З. 9	И. 10	Й. 22	К. 36
Л. 40	М. 55	Н. 69	О.70	П. 100	Р. 94
С. 80	Т. 73	У. 14	Ф. 12	Х. 15	Ц. 44
Ч. 71	Ш. 18	Щ. 68	Ъ. 37	Ы. 42	Ь. 11
Э. 83	Ю. 19	Я. 29			

Review Exercise 3

1. Москву́ ... командиро́вку
2. рабо́те ... ба́нке ... Ми́нске
3. свою́ рабо́ту ... университе́те
4. Ма́йком
5. Ива́на
6. кварти́ре ... це́нтре ... Москвы́.
7. Новосиби́рска
8. домо́й ... рабо́ты

9. вам
10. мне
11. Ивáна
12. удовóльствием
13. вáми
14. командирóвке ... Натáши
15. В концé концóв.

Review Exercise 4

1. лю́бит ... люблю́
2. живёт ... живу́
3. рабóтали ... рабóтаем
4. бы́ли ... рабóтают
5. звони́л ... бы́ло
6. бýдете ... бы́ли
7. бýду ... был/былá
8. бýдем

LESSON 7

Exercise 1

1. impf 2. perf 3. impf 4. perf 5. impf 6. perf 7. impf 8. impf
9. perf 10. perf

Exercise 2

А	5	пять
Б	10	дéсять
В	15	пятнáдцать
Г	20	двáдцать
Д	25	двáдцать пять
Е	30	три́дцать
Ё	35	три́дцать пять
Ж	40	сóрок
З	45	сóрок пять
И	50	пятьдеся́т
Й	55	пятьдеся́т пять
К	60	шестьдеся́т
Л	65	шестьдеся́т пять
М	70	сéмьдесят
Н	75	сéмьдесят пять
О	80	вóсемьдесят
П	85	вóсемьдесят пять

Р	90	девяно́сто
С	95	девяно́сто пять
Т	100	сто
У	101	сто оди́н
Ф	111	сто оди́ннадцать
Х	200	две́сти
Ц	222	две́сти два́дцать два

Exercise 3

1. Do you want tea, coffee, mineral water or vodka?
2. What date is it today?
3. Today is the 29th of April.
4. Excuse me, please. Is there a toilet here?
5. When will you be free?
6. We will be free on Tuesday, at 6 o'clock in the evening.
7. On the way to Volodya's, Natasha bought a newspaper
8. Volodya gave Natasha copies of some American advertising brochures.
9. Earlier I drank tea in the morning(s), but now I drink mineral water.
10. Volodya gave Natasha the/some brochures, and she thought that they were just what she needed.

Exercise 4

1. Вчера́ я говори́л/а с Ма́йком в о́фисе.
2. Ната́ша хо́дит в банк пешко́м ка́ждый день.
3. Ра́ньше я пил/а чай по утра́м, а тепе́рь я пью ко́фе.
4. Ру́чка и ключ на столе́.
5. В про́шлом году́ мы е́здили в Нью-Йорк ка́ждую неде́лю.
6. Я откры́л/а дверь.
7. Мы поговори́ли с Ма́йком.
8. Ско́ро я бу́ду е́здить в Москву́ ка́ждый ме́сяц.

Exercise 5

1. F 2. F 3. T 4. F 5. F 6. F 7. F 8. T 9. F

LESSON 8

Exercise 1

1. Я пишу́
2. Они́ чита́ют
3. Мы поём

4. Они́ пьют
5. Вы ждёте
6. Он преподаёт
7. Я зна́ю
8. Они́ гуля́ют
9. Она́ понима́ет
10. Вы идёте
11. Мы е́дем
12. Вы де́лаете
13. Я пою́
14. Они́ отвеча́ют
15. Я слу́шаю

Exercise 2

1. Я хожу́
2. Они́ говоря́т
3. Она́ кричи́т
4. Мы хо́дим
5. Вы говори́те
6. Они́ крича́т
7. Я смотрю́
8. Мы спеши́м
9. Он лети́т
10. Она́ хо́чет
11. Они́ звоня́т
12. Мы покупа́ем
13. Она́ стои́т
14. Я ви́жу
15. Я вожу́

Exercise 3

1. зна́ем (зна́ли)
2. стоя́ли
3. говори́т
4. показа́л
5. сто́или ... стоя́т ... бу́дут сто́ить
6. хо́чет
7. зна́ет
8. покупа́ет ... счита́ет ... бу́дет сто́ить
9. заплати́ла
10. реши́ла

Exercise 4

Boris works not far from his home in Moscow. He has a car, but he walks to work. Every morning, on the way to the office, he buys a newspaper. But yesterday there were no newspapers. What did he do? He bought a book. He very much likes to read newspapers, books and magazines. He likes the movies, but absolutely does not like to watch television: he doesn't even have a television.
Now it is winter. It's cold outside [on the street]. But Boris is not cold when he walks to work. He has a warm fur coat, a fox fur hat, woollen gloves and a pair of good boots.

Exercise 5

1. Ка́ждое у́тро по пути́ в о́фис я покупа́ю газе́ту.
2. Сейча́с она́ говори́т с Ива́ном.
3. Мо́жно посмотреть ша́пку, пожа́луйста.
4. Я возьму́ её, хоть и до́рого.
5. Пожа́луйста, покажи́те мне э́ти перча́тки.
6. Мо́жно посмотре́ть э́ту шу́бу, пожа́луйста.
7. Сего́дня у нас есть немно́го свобо́дного вре́мени.
8. Где ка́сса?
9. Ка́сса вот там, нале́во.

Exercise 6

1. T 2. T 3. F 4. T 5. F 6. F 7. T 8. T 9. T

LESSON 9

Exercise 1

1. fax
2. calculator
3. video cassette
4. audio cassette
5. computer
6. telephone
7. xerox (in Russian = any photocopier)
8. music center
9. printer
10. cartridge
11. plotter
12. scanner
13. radio telephone
14. automobile

Exercise 2

1. Добрый ве́чер. Дава́йте знако́миться.
2. Меня́ зову́т … . А вас?
3. Я америка́нец/америка́нка (англича́нин/англича́нка, …).
4. Я роди́лся/родила́сь в (Филаде́льфии, Ло́ндоне …)
5. Я рабо́таю в … .
6. Мне нра́вится … .
7. Мне не нра́вится … .
8. Я учу́ ру́сский язы́к.

Exercise 3

1. I would like to open the window.
2. We would like to set up a company in Minsk.
3. He would like to be there every day.
4. She would like to buy a newspaper.
5. She would like to drink (some) mineral water.
6. They would like to go around the shops.
7. They would like to live in America.
8. I would like to speak Russian well.
9. I would like to go home.
10. Would you like to work in Moscow?

Exercise 4.

1. Он е́дет домо́й.
2. Она́ покупа́ет биле́т.
3. Они́ гуля́ют по на́бережной Невы́.
4. Они́ проща́ются в гости́нице.
5. Светла́на в двухме́стном купе́ в по́езде.
6. Ната́ша и Светла́на разгова́ривают об Эрмита́же.
7. Светла́на живёт в Ирку́тске.
8. Мы обе́даем в рестора́не.
9. Что вы де́лаете?

Exercise 5

1. F 2. F 3. T 4. T 5. F 6. T 7. F 8. F 9. T 10. F 11. T 12. F

LESSON 10

Exercise 1

1. Today is Sunday, yesterday was Saturday, and tomorrow will be Monday.
2. The work is finished. Go home.

3. Yesterday evening, Ivan flew into Moscow by plane.
4. I didn't manage to buy some gloves.
5. What's the name of this train?
6. At 10 o'clock in the morning, I drank coffee in a/the restaurant with Natasha.
7. May I close the door? It's terribly cold here.
8. Vladimir went to the Hermitage almost every day during a whole week.
9. The wine was good - still more was wanted.
10. I don't have my own car, but I have my own (private) apartment.
11. Mike lives very far from Moscow - in America.
12. I would live in Philadelphia with pleasure.
13. How will they go home? (by transport)
14. What are you going to do tomorrow evening?
15. Yesterday we bought a new car.

Exercise 2

1. Иди́/Иди́те сюда́
2. Сади́сь/Сади́тесь
3. Извини́/Извини́те ; Прости́/Прости́те
4. Покажи́/Покажи́те мне
5. Поду́май/Поду́майте
6. Реша́й/Реша́йте
7. Одева́йся/Одева́йтесь
8. Не кури́/Не кури́те
9. Не подпи́сывай/Не подпи́сывайте
10. Чита́й/Чита́йте
11. Рабо́тай/Рабо́тайте
12. Не покупа́й/Не покупа́йте
13. Не кричи́/Не кричи́те
14. Не носи́/Не носи́те
15. Не плати́/Не плати́те

Exercise 3

1. хочу́ 2. хотя́т 3. хо́чет 4. хоти́м 5. хотя́т 6. хо́чешь 7. хо́чет 8. хотя́т

Exercise 4

1. два ... второ́й
2. три ... тре́тий
3. четы́ре ... четвёртый
4. четы́рнадцать ... четы́рнадцатый

5. пять ... пя́тый
6. пятна́дцать ... пятна́дцатый
7. шесть ... шесто́й
8. семь ... седьмо́й
9. во́семь ... восьмо́й
10. де́вять ... девя́тый

Exercise 5

1. T 2. F 3. T 4. F 5. F 6. T 7. F 8. F 9. T 10. T

LESSON 11

Exercise 10

1. рабо́тает ... гости́ницы
2. кни́гу
3. пил ... утра́м, пьёт
4. чай, ко́фе, во́дку ... минера́льную во́ду
5. вре́мени ... о́череди
6. ва́ми
7. бу́дут ... вас ... гости́нице
8. э́ту газе́ту ... собо́й
9. удово́льствием ... це́лую неде́лю ... Эрмита́же

LESSON 12

Exercise 1

1. vendetta
2. ventilation
3. gas
4. hamburger
5. gangster
6. handicap
7. garage
8. megalomania
9. racism

Exercise 2

1. In Russia it is cold in winter and hot in summer.
2. I work by day and sleep at night.
3. Yesterday they were in New York, and tomorrow they'll be in Moscow.

4. I've never been to America, but I want to go there sometime.
5. It's good here, but it's better there.
6. The bank is on the right, and the hotel is on the left.
7. Now I'm going home. At home I'm going to watch television.
8. Where are you going?
9. Where are you from?

Exercise 3

1. Днём ... но́чью
2. за́ле ... наро́ду
3. табли́чки ... свои́м и́менем
4. ней
5. ним
6. хоте́л
7. стака́на джи́на ...то́ником
8. Тверско́й у́лице
9. Кра́сной пло́щади

Exercise 4

1. Извини́те, что э́то тако́е?
2. Здесь мно́го наро́ду.
3. Я совсе́м не уста́л/а.
4. Ты о́чень уста́ла, Ната́ша?/Вы о́чень уста́ли, Ната́ша?
5. Э́то на́ша но́вая студе́нтка?
6. Я о́чень хочу́ встре́титься с ва́ми.
7. Она́ рабо́тает в на́шем отделе́нием в Вашингто́не.
8. Она́ пришла́ к нам приме́рно пять ме́сяцев наза́д.
9. Он прилете́л в Нью-Йорк из Москвы́ ночны́м ре́йсом.

Exercise 5

1. F 2. F 3. T 4. F 5. T 6. T 7. F 8. T 9. F

LESSON 13

Exercise 1

1. My house is not far from the Star hotel.
2. Can you tell me where the registration desk is, please?
3. I booked a room by fax.
4. You confirmed the booking.   [that the order was accepted]
5. Here is my passport. When can I have it back? [receive it]
6. Is there a radio, television and telephone in the room?
7. When do they broadcast the news in English?

8. I want to buy both English and American newspapers.
9. I want to have breakfast in (my) room.

Exercise 2

1. пи́сьма́
2. но́мере
3. кото́рому
4. но́мере ... ру́сском ... англи́йском
5. получа́ют ... газе́ты
6. рестора́на
7. ва́шем
8. Зна́ете ... передаю́т

Exercise 3

1. Гости́ница "Звезда́" недалеко́ от моего́ до́ма.
2. У меня́ есть больша́я но́вая маши́на.
3. В но́мере есть телеви́зор?
4. Зака́з при́нят?
5. Мо́жно ли смотре́ть переда́чи по-англи́йски?
6. Мы здесь бу́дем три-четы́ре дня.
7. Я там быва́ю два дня ка́ждый ме́сяц.
8. В гости́нице есть химчи́стка?

Exercise 4.

519,000 roubles

Exercise 5

1. F 2. T 3. T 4. F 5. T 6. T 7. T 8. F 9. T 10. T

LESSON 14

Exercise 1

1. In Russia it's cold in winter, but for the last five to seven years the winters were not very cold.
2. In winter in Russia the temperature is often above zero.
3. There is often a strong wind and sleet.
4. When the sky is cloudless and blue, and the sun is shining, and the snow is sparkling, it is wonderful in Russia.
5. At the beginning of March, the weather is very changeable in New York.
6. Mike came to Moscow at the very beginning of spring.
7. We decided to set off on a trip around Moscow.

8. What's that building?
9. The Cathedral of St Basil is an absolutely unique building.
10. Pushkin, Tolstoy and Dostoyevsky were great writers.
11. Let's go back to the car.
12. Novodevichy is a convent on the banks of Moscow river.

Exercise 2

1. Извини́те, вы не ска́жете, как прое́хать к Третьяко́вской галлере́е?
2. Извини́те, вы не ска́жете, как пройти́ к ближа́йшей ста́нции метро́?
3. Извини́те, вы не ска́жете, как пройти́ к ближа́йшему универма́г?
4. Прости́те, вы не ска́жете, как пройти́ к ближа́йшей це́ркви?
5. Прости́те, вы не ска́жете, как прое́хать к ближа́йшей больни́це?
6. Прости́те, вы не ска́жете, как пройти́ к ближа́йшей апте́ке?
7. Скажи́те, пожа́луйста, как пройти́ к Мавзоле́ю Ле́нина?
8. Скажи́те, пожа́луйста, как прое́хать к Тверско́й у́лице?
9. Скажи́те, пожа́луйста, как прое́хать к университе́ту?
10. Прости́те, вы не ска́жете, как прое́хать к гости́нице "Украи́на"?

Exercise 3

1. Как вы уже́ зна́ете, в Росси́и хо́лодно зимо́й.
2. Температу́ра ча́сто вы́ше нуля́.
3. Ча́сто быва́ет си́льный ве́тер.
4. Идёт снег.
5. Температу́ра - ми́нус де́сять гра́дусов.
6. Не́бо голубо́е, и со́лнце сия́ет.
7. Здесь чуде́сно!
8. В нача́ле ма́рта пого́да о́чень неусто́йчива.
9. Температу́ра бы́стро меня́ется.
10. Но́чью - ми́нус два́дцать, а днём - плюс де́сять.
11. Майк прие́хал в Москву́ в са́мом нача́ле весны́.
12. День так прекра́сен, что про́сто невозмо́жно сиде́ть в гости́нице.
13. Собо́р был постро́ен при Ива́не Гро́зном.
14. Э́то прекра́сная страна́.
15. Толсто́й был вели́кий писа́тель.

Exercise 4

1. T 2. F 3. T 4. F 5. T 6. T 7. F

Exercise 1

1. I intend to live in Moscow.
2. I decided to study Russian seriously.
3. A/the professor agreed to give me private lessons.
4. Natasha has just arrived at his house and is ringing the doorbell.
5. Come in, please.
6. Where did Mike learn Russian? In America?
7. Yes, but now he must improve his Russian [know Russian better].
8. She must broaden her vocabulary.
9. When she watches television, she understands quite a lot.
10. He has good Russian pronunciation.
11. She speaks Russian badly.
12. I have a problem.
13. When people speak quickly, I don't understand.
14. Natasha prepared dinner.
15. The book will be useful to you.

Exercise 2

1. Майк мог бы проводить в Москве от шести месяцев до года.
2. Я решил всерьёз заняться русским языком.
3. Андрей согласился давать Майку частные уроки.
4. Где вы изучали английский?
5. Я не буду жить в Москве долго.
6. Нам нужно лучше знать русский.
7. Когда я смотрю телевизор, я понимаю довольно много.
8. Я думаю, что я могу помочь вам.

Exercise 3

1. Полночь.
2. Полдень.
3. Пятнадцать часов пять минут OR: пять минут четвёртого.
4. Четыре часа десять минут.
5. Семнадцать часов пятнадцать минут OR: пятнадцать минут шестого.
6. Шесть часов двадцать минут.
7. Девятнадцать часов тридцать минут OR: половина восьмого.
8. Семь часов сорок минут.

9. Двáдцать часóв сóрок пять минýт OR: без чéтверти дéвять.
10. Дéвять часóв пятьдеся́т семь минýт OR: без трёх (минýт) дéсять.

Exercise 4

1. F 2. T 3. T 4. T 5. T 6. T 7. F 8. T 9. T 10. T 11. T 12. T
13. T 14. T 15. F

LESSON 16

Exercise 8

1. нахóдится ... кабинéте ... коллéги
2. телефóну.
3. вéчером ... гуля́ли ... ýлицам ... цéнтре Москвы́
4. Натáшей ... господи́ну Рóджерсу
5. часóв вéчера ... вóдку ... рестора́не ... Ивáном.
6. скáжете ... Америкáнскому посóльству?
7. скáжете ... Крáсной плóщади?
8. скáжете ... ближáйшему бáнку?
9. скáжете ... ближáйший туалéт?
10. слéдующем поворóте ... цéрковью.

LESSON 17

Exercise 1

1. We have already been in Minsk for about five weeks.
2. In three days I am returning to Russia.
3. Yesterday I invited him to have dinner with me.
4. They have very tasty meat today.
5. What do you recommend [advise me] today?
6. I'll have a bottle of red wine.
7. We're returning to Russia in a week.
8. This evening we invited Ivan to have dinner with us.
9. Thanks a lot for the invitation.
10. We've never been there.
11. May I/we have a look at the menu?
12. I like fish and meat very much.
13. Sturgeon is a fish. It's very tasty.
14. Our Chicken Kiev is considered to be the best in Moscow.
15. I want a bottle of red wine with the meat, and a bottle of white with the fish.

Exercise 2

1. Через шесть дней они́ возвратя́тся в Соединённые Шта́ты.
2. Я пригласи́л свои́х друзе́й пообе́дать со мной сего́дня ве́чером.
3. Большо́е спаси́бо за приглаше́ние.
4. Обе́д из пяти́ блюд, с во́дкой, вино́м, шампа́нским и коньяко́м.
5. Мы бы́ли здесь вчера́.
6. Я никогда́ там не́ был/а.
7. Мо́жно посмотре́ть меню́?
8. У вас есть ры́ба?
9. У вас есть мя́со?
10. Я люблю́ кра́сное вино́.
11. Что вы посове́туете?
12. За на́шу дру́жбу!

Exercise 3

1. Москве́ ... двух неде́ль
2. ве́чером ... пригласи́л Ната́шу с на́ми
3. четырёх ... во́дкой, вино́м, шампа́нским и коньяко́м
4. не́ была́
5. ры́бы, икры́, колбасы́, сала́тов
6. них ... лу́чшим ... Москве́
7. чего́ ... концу́ обе́да
8. бу́дем ... буты́лку кра́сного вина́

Exercise 4

1. F 2. T 3. F 4. T 5. T 6. T 7. F 8. F

LESSON 18

Exercise 1

1. I am going to invite Natasha to the Bolshoi Theater, to the ballet, every week.
2. Yesterday evening, the performance in the theater was magnificent.
3. Many years ago, I lived in Africa.
4. I very much want to see the film "War and Peace."
5. This movie is more interesting than the other.
6. This book is more interesting than the other.
7. My life is getting worse and worse.

8. My father's life got better and better when he lived in America.
9. What do you prefer, the movies or television?

Exercise 2

1. пригласи́ли ... пье́су
2. лет ... смотре́л(а)
3. ви́дели ... им ... понра́вился
4. нас ... Че́хова ... лю́бят
5. ве́чером ... угоща́ли ... меня́... шампа́нского
6. мне ... вам
7. пра́вде ... ры́бу
8. ду́маем ... мно́гих ... вре́мени

Exercise 3

1. Ива́н пригласи́л меня́ в теа́тр на бале́т.
2. О́пера была́ великоле́пная.
3. Э́то замеча́тельно!
4. Мно́го лет наза́д я жил(а) в Росси́й.
5. Я то́же ви́дел(а) э́тот фильм.
6. Я о́чень люблю́ смотре́ть телеви́зор.
7. Теа́тр бо́лее интере́сный чем и о́пера и бале́т.
8. Не могли́ бы вы посове́товать хоро́шую, ру́сскую пье́су?

Exercise 4

1. F 2. T 3. T 4. F 5. T 6. F 7. F 8. T

LESSON 19

Exercise 1

1. We came here very early, and we have a lot of time to talk.
2. I sat in the restaurant and drank coffee.
3. We can talk about a lot of things.
4. Mike and Natasha get on very well together.
5. It's very nice for me to work with you.
6. I know almost nothing about life in America.
7. Mike got a job in an/the office in Moscow.
8. Natasha is a very nice and charming woman.
9. It was very pleasant for us to be in their company.
10. When do they have to go back to America?
11. We talked a lot about America to Natasha on the phone.

Exercise 2

1. бу́дут ... Росси́и
2. своего́ отъе́зда
3. Вашингто́не ... полови́ной неде́ли
4. меня́ ... его́ ... ним
5. мне
6. меня́ ... вам
7. встре́чи ... тобо́й
8. меня́ ... вре́мени
9. мно́гих веща́х
10. дру́гом
11. ва́ми
12. рабо́ту ... рестора́не ... Ми́нске
13. Мне ... о́бществе
14. Ната́ше ... Аме́рике ... телефо́ну

Exercise 3

1. Мы сиди́м в рестора́не, и пьём пи́во.
2. Я прие́хал(а) / пришёл (пришла́) туда́ о́чень ра́но.
3. У меня́ мно́го вре́мени.
4. Я люблю́/мне нра́вится пить ко́фе.
5. Они́ о́чень хорошо́ ла́дят друг с дру́гом.
6. Мне прия́тно рабо́тать с ни́ми.
7. Я почти́ ничего́ не зна́ю о нём.
8. Он почти́ ничего́ не зна́ет о ней.
9. Мне о́чень прия́тно быть в ва́шем о́бществе.
10. Че́рез ме́сяц мы бу́дем рабо́тать вме́сте в Москве́.
11. Она́ была́ здесь то́лько шесть с полови́ной неде́ль.
12. Мне не те́рпится познако́миться с ва́ми ли́чно.

Exercise 4

1. T 2. F 3. F 4. T 5. T 6. T 7. T 8. F

GLOSSARY

Verbs are marked perf = perfective, impf = imperfective; nouns are only marked m, f or n if the gender is not apparent from the form (see lesson 3). Adjectives are given in the masculine form, followed by the feminine and neuter endings.

a and, but
автóбус bus
автóбусная останóвка (f) bus stop
áдрес address
американец (m̄) American
американка (f) American
английский, -ая, -ое English
англичáнин Englishman
англичáнка Englishwoman
анкéта questionnaire
архитéктор architect
аэровокзáл air terminal
аэропóрт airport
багáж baggage
балéт ballet
банк bank
бáнка jar, can, tin
баскетбóл basketball
безóблачный cloudless
бейсбóл baseball
белорýс (m) a Belorussian
Бéлые Нóчи White Nights
бéлый, -ая, -ое white
бéрег bank (of a river, lake)
беспокóить (impf) to disturb, to trouble
беспокóиться (impf) to be disturbed, to be troubled, to be uneasy
беф-стрóганов beef stroganoff
билéт ticket
билéт на самолёт a plane ticket [ticket onto plane]
благополýчно safely
блúзко close
блю́до dish, course in a meal
бóлее more

бо́лее-ме́нее more or less
брать (impf) to take
буке́т bouquet
буты́лка bottle
буфе́т buffet
бухга́лтер (m or f) accountant
быва́ть to be in/to visit/to go
бы́стро quickly
быть to be
в ... ве́ке in the ... century
в дела́х on business, working
в командиро́вку (командиро́вка) on a business trip
в конце́ концо́в in the end [in the end of ends]
в рука́х in (one's) hands
в са́мом нача́ле at the very beginning
в спе́шке in a hurry, in the rush
в тече́ние during
в тече́ние це́лого ме́сяца for a whole month
в углу́ in the corner
вдруг suddenly
ведь after all, you see
век century
вели́кий, -ая, -ое great
великоле́пно wonderfully, it's wonderful/splendid/magnificent
великоле́пный, -ая, -ое wonderful, splendid, magnificent
ве́рно it is true, correct
верну́ться (perf) to return, go back
вести́ (impf) to lead, to take
ве́тер wind
ве́чер evening
ве́чером in the evening
вещь (f) thing
взять (perf) to take
ви́деть (impf) to see
ви́за visa
визи́т visit
визи́т состои́тся the visit will take place
вино́ wine
вку́сно гото́вить to prepare something tasty
вку́сно tasty
вме́сте together
внести́ (perf) to carry into, to bring into
внести́ в счёт to put on expenses, on account
вноси́ть (impf) to carry into, to bring into

вода́ water
возврати́ться (perf) to return, come back
возвраща́ться (impf) to return
возмо́жно it is possible
война́ war
вопро́с question
вот there is/are, here is/are.
впечатля́ть (impf) to impress
вре́мя (n) time, period of time
всегда́ always
всего́ до́брого all the best [of all of best]
всего́ понемно́жку a little of everything
всего́ in all, of all
всерьёз seriously
всё all
всё возмо́жно anything is possible, all is possible
всё норма́льно everything is OK
всё равно́ all the same, in any case
всё-таки all the same, nevertheless
вспоте́ть (perf) to perspire, to get sweaty
встре́тить (perf) to meet
встре́титься to meet
встре́ча (f) meeting, get together
встреча́ть (impf) to meet
встреча́ться to meet (one another)
вто́рник Tuesday
вчера́ yesterday
вы you
выдава́ть (impf) to hand out, to give, to issue
вы́дать (perf) to hand out, to give, to issue
вы́нести (perf) to carry out, to remove
вы́пить (perf) to drink up
высоко́ high
вы́ше нуля́ above zero
вы́ше higher
вы́яснить (perf) to clear up, to explain
выясня́ть (impf) to clear up, to explain
гла́сность (f) openness
глубо́кий, -ая, -ое deep
газе́та newspaper
где́-то somewhere
где? where?
геро́й (m) hero
говори́ть о чём-уго́дно to talk about anything

говоря speaking
го́лос voice
голубо́й, -ая, -ое blue
гора́здо much, far
го́рдость (f) pride
го́рничная maid, cleaner
го́род town
горя́чее (блю́до) hot (dish, course)
горя́чий, -ая, -ее hot
господи́н mister
гости́ница hotel
гость (m) guest
гото́в, -а, -о ready (short form of the adjective)
гото́вить (impf) to prepare, get ready, make
гото́вый, -ая, -ое ready
гра́дус degree (temperature)
грани́ца frontier/border
гро́мко loudly
громкоговори́тель loudspeaker
гря́зный, -ая, -ое dirty, filthy
гуля́ть to walk, stroll
да yes
да нет oh, no (stronger than **нет**) [yes no!]
дава́йте give, let us, let's
дава́ть уро́ки to give lessons
далеко́ far, a long way, far away
далёкий, -ая, -ое distant, remote
даль (f) distance, expanse
да́та date
да́ча country house
два́дцать twenty
два́жды twice
два, две (f) two
де́лать поку́пки to go shopping [to be doing purchases]
де́ло affair, work, business
день (m) day
десе́рт dessert
деше́вле cheaper
дешёвый, -ая, -ое cheap
джин gin
дли́нный, -ая, -ое long
днём by day
до until, to
до свида́ния goodbye [until the meeting]

до сих пор until now, up to now
до скóрой встрéчи see you soon [to quick meeting)
добáвить (perf) to add
добрó good
добрó пожáловать welcome
дóбрый, -ая, -ое good, kind
дóбрый вéчер good evening
довóльно enough, sufficiently, rather
договáриваться (impf) to agree
договорúться (perf) to agree
дождь (m) rain
дозвонúться to ring the phone until it is answered, to get through to someone
дойтú (perf)to go up to, to reach
дóктор doctor
дóлго a long time
долетéть (perf) to fly to, to fly here
дóлжен, должнá, должнó have to, must, ought
дом house
дóма at home.
дóрого it's expensive
дорогóй, -áя, -óе dear, expensive
досáдно frustrating
достáточно sufficiently, enough
доходúть (impf) to go up to
дочь daughter
другóй, -áя, -óе other
дрýжба friendship
дýмать (impf) to think
душ shower
дыхáние breathing, breath
éсли if
éхать (impf) to go (by transport), to drive,
ещё also, again
её (онá) her
жаль it's a pity, what a shame
жáркий, -ая, -ое hot
жáрко it is hot
ждать (impf) to wait, to await
же no specific meaning: it serves to emphasize another word
жéнщина woman
жизнь (f) life
жить (impf) to live, to be alive; to spend time somewhere
за дрýжбу to friendship

за компа́нию (компа́ния (f)) for the company
за проду́ктами for food, groceries
за угло́м round the corner
забыва́ть (impf) to forget
забы́ть (perf) to forget
заведе́ние establishment, institution
заезжа́ть(impf) to call in
зави́сеть (impf) to depend (on)
зави́сеть от того́, как... to depend on how... [to depend on that, how...]
за́втра tomorrow
за́втракать (impf) to have breakfast
зае́хать (perf) to call in
зае́хать за to call in for, to collect
зака́з an order
зака́зан, -а, -о booked, ordered (short form of adjective)
заказа́ть (perf) to book, to order
зака́зывать (impf) to book, to order
зако́нчен, -а, -о finished (short form of adjective)
зако́нченный, -ая, -ое finished
заку́ска snack
зал hall
зал прибы́тия arrivals hall
замеча́тельно! great! wonderful!
замеча́тельный, -ая, -ое remarkable
замёрзнуть (perf) to freeze
занима́ть (impf) to take up, to occupy
занима́ться (impf) to be engaged in, to study
за́нят, -á, -о busy, engaged (short form of adjective)
заня́ть (perf) to take up, to occupy
заня́ть мно́го вре́мени to take a lot of time
заня́ться (perf) to be engaged in, to study
заня́ться языко́м to study a language
запа́с store, stock
запо́лнить (perf) to fill, to fill up, to complete (a form)
заполня́ть (impf) to fill, to fill up, to complete (a form)
зара́нее in advance, earlier
зате́м after that
зато́ but, however
захоте́ть (perf) to desire, to want
захоте́ться (perf) to desire, to want
звать to call (a name)
звони́ть (impf) to phone, to call
звони́ть в дверь to ring at the door, to ring the doorbell

зда́ние building
здесь here
здоро́ваться (impf) to greet
здо́рово it's great, nice
здра́вствуйте hello
земля́ earth, land
зе́ркало mirror
зима́ winter
зимо́й in winter
зло evil
знако́мая (adj) acquainted; (noun) female acquaintance
знако́мить (impf) to introduce
знако́миться (impf) to meet, to be introduced, to get to know
знако́мство introduction, acquaintance
знако́мый (adj) acquainted; (noun) male acquaintance
знать (impf) to know
зна́чит (значи́ть) it means
зови́те call (imperative)
золото́й, -ая, -ое golden
зря for nothing, to no purpose
игра́ть to play
идёт дождь it is raining
идёт снег it is snowing
иди́те сюда́ come here
идти́ пешко́м to go on foot, to walk
идти́ to go
иду́т перегово́ры negotiations are going on/taking place
из from, out of
из аэропо́рта (аэропо́рт (m)**)** from/out of the airport
из ли́сьего ме́ха of fox fur
из песца́ of Arctic fox
извини́те excuse me, I'm sorry
извини́ть to forgive, to excuse
измене́ние a change
изображе́ние image, picture
икра́ caviar
и́ли or
и́менно precisely, specially
име́ть (impf) to have, to own
име́ющий having
име́я having
име́я при себе́ having with you
и́мя (n) first name
иногда́ sometimes

иностра́нец (m) foreigner
иностра́нка (f) foreigner
интеллиге́нция intelligentsia
интере́сно it is interesting
интере́сный, -ая, -ое interesting
информа́ция information
и́скренний, -ая, -ее sincere
искри́ться (impf) to sparkle
исто́рия history
к to, towards, up to
к сожале́нию unfortunately, regrettably
к сча́стью fortunately
кабине́т office
ка́ждый, -ая, -ое every, each
как as, how, like, how is/are
Как ва́ши дела́? How are things? How goes it?
как всегда́ as always, as usual
как насчёт ...? What about?
как раз то, что... just what...
како́й, -а́я, -о́е what sort of, what a, which
како́й-, -а́я-, -о́е-нибу́дь some or other, any
кана́л channel
ка́сса cash desk
кварти́ра apartment
ключ key
кни́га book
когда́? when?
колбаса́ sausage
колле́га colleague (male or female)
коммуника́бельный, -ая, -ое approachable
ко́мната room
компью́тер computer
коне́ц end
коне́чно of course
ко́нсульство consulate
контро́ль (m) control
конфере́нция conference
конья́к cognac
ко́пия copy, duplicate
коро́ткий, -ая, -ое short, brief, concise
коро́че говоря́ to be short, briefly speaking
котле́ты по-ки́евски chicken Kiev (cutlets of chicken with garlic sauce)
кото́рый, -ая, -ое which

ко́фе coffee
кра́й (m) border, edge
краси́вый, -ая, -ое beautiful
кремль (m) castle, fort, kremlin
крича́ть (impf) to shout
кто вы по национа́льности ? What is your nationality?
кто? who?
купе́ compartment
ку́пол cupola, dome
кури́ть (impf) to smoke
курс course
ку́хня kitchen
ла́дить друг с дру́гом to get on well with one another
ла́дно right, all right, fine
легко́ easy
лес a forest, a wood
ле́то summer
ле́том in summer
лёгкие заку́ски light snacks
лёгкий, -ая, ое light
ли́сий, -ья, -ье fox
лицо́ face
ли́чно in person
лу́чше better
любо́й, -а́я, -о́е any
лю́ди people
магази́н shop, store
ма́ло little
мать mother
маши́на car
ме́дленно slowly
меню́ menu
меня́ зову́т my name is [me they call]
меня́ть (impf) to change
меня́ться (impf) to change
меня́ющийся, -аяся, -еася changing
ме́рять (impf) to try on, to measure
ме́сто place, seat
ме́сяц month
мех fur
мехово́й, -а́я, -о́е fur, of fur
ми́лый, -ая, -ое nice
минера́льный, -ая, -ое mineral
ми́нус minus

мину́та a minute
мне (ему́, им etc.**) подхо́дит** it suits me (him, them, etc.)
мне всё равно́ it's all the same to me
мне на́до I must, it is necessary for me
мне хо́чется I want [to me it wants]
мне/нам/им не те́рпится I/we/they (etc.) can't wait
мно́го a lot, many
моё (n) my
мо́жет быть perhaps [it can to be]
мо́жно it is possible
мо́крый, -ая -ое wet
молодо́й, -а́я, -о́е young
монасты́рь (m) monastery, convent
мо́ре sea
моро́з frost
мочь (impf) to be able to
моя́ (f) my
муж husband
мча́ться (impf) to hurry away, to zip
мы we
мысль (f) thought
мя́со meat
на on (can be the equivalent of "in")
на горя́чее for the hot course (main course)
на авто́бусе (авто́бус (m)**)** by bus, on a bus
на берегу́ on the bank
на заку́ски for starters
на рабо́те at one's work, at the office
на ру́сском языке́ in Russian
на сле́дующий день on the next day
на экску́рсию on a trip
на́бережная embankment, quay, waterfront
наве́рное surely, certainly
над above
на́до it is necessary
называ́ть to call, to address (someone)
нале́во on the left
напро́тив quite the opposite, on the contrary
наро́д people, the people
наско́лько as....as, as far as, as much as
находи́ть (impf) to find
находи́ться (impf) to be, to be situated
намерева́ться to intend
национа́льность (f) nationality

нача́ло beginning, start
нача́льник chief, boss
наш our
не used to form negative sentences as in **Я не ру́сский,** I'm not Russian, **не́ было мест,** there were no seats/places
не ме́нее not less
не то́лько not only
не хвата́ть to lack, to miss
не́бо sky
небольшо́й, -а́я, -о́е not big, small, little
невозмо́жно it's impossible
неда́вно not long ago, recently
недалеко́ not far
неде́ля week
незнако́мый, -а́я, -о́е unknown
нельзя́ it is forbidden, no!, you must not, not allowed
немно́го not much, a little
необходи́мый, -ая -ое unavoidable, necessary
не́сколько a few, several
не́сколько раз several times
нести́ (impf) to carry
нет no
нет вре́мени (вре́мя(n)**)** there is no time
неусто́йчив, -а, -о changeable (short form of adjective)
неусто́йчивый, -ая, -ое changeable
ни́зкий, -ая, -ое low
ника́к in no way
никако́й, -а́я, -о́е none, not any
никогда́ never
никто́ nobody
никуда́ nowhere [to nowhere]
ничего́ не понима́ю I understand nothing, I don't understand anything
но but
но́вый, -ая, -ое new
нога́ leg, foot
но́мер number, room
но́мер в гости́нице hotel room
норма́льно O.K., normal, alright
носи́ть (impf) to wear, to carry
ночно́й, -ая, -ое night
но́чью at night, by night
ну́жно it is necessary
ну что́ вы! Oh come on!

обая́тельный, -ая, -ое charming
обе́д из пяти́ блюд a five course meal
обе́дать (impf) to dine, to have dinner
оби́да insult, injury
оби́деть (perf) to offend
обижа́ть (impf) to offend
о́блако cloud
о́блачный, -ая, -ое cloudy
обрати́ться (perf) to address (someone)
обра́тно back (direction, movement)
обра́тный, -ая, -ое back, return
обраща́ться (impf) to address (someone) frequently
обсуди́ть (perf) to discuss
обсужда́ть (impf) to discuss
о́бувь (f) footwear
о́бщество society, company
обы́чно usually
одина́ково the same
одева́ться (impf) to dress oneself
оде́жда clothing
оди́н one
оди́н раз one time, once
ожере́лье necklace
ожида́ть (impf) to wait
окно́ window
о́коло about
он he
она́ she
они́ they
оно́ it
описа́ть (perf) to describe
опи́сывать (impf) to describe
опла́та payment, settlement
освежи́ться (perf) to freshen oneself up
осетри́на sturgeon
ослепи́ть (perf) to blind, to put out someone's eyes
осма́тривать (impf) to examine, to visit, to inspect
осмотре́ть (perf) to examine, to visit, to inspect
остально́й, -а́я, -о́е remaining
останови́ться (perf) to stop, to stay
остано́влен, -а, -о stopped (short form of adjective)
от from
отве́т answer
отвеча́ть to answer, to reply

отда́ть (perf) to hand in, to give back, to return
отделе́ние section, division, branch
отде́льный, -ая, -ое separate, individual
оте́ц father
открыва́ть (impf) to open
откры́ть (perf) to open
отку́да? where from?
отли́чно it's excellent, great
отпра́виться (perf) to set off
о́фис office
официа́льный, -ая -ое official
оформле́ние preparation, processing
о́чень very
о́чередь (f) line, queue
па́спорт passport
пассажи́р passenger
па́чка (f) packet
па́чка сигаре́т packet of cigarettes
перевести́ (perf) to translate, to transfer
переводи́ть (impf) to translate, to transfer
переговóры negotiations, talks
передава́ть (impf) to broadcast
передава́ть нóвости to broadcast the news
переда́ча transmission
переде́лать (perf) to change
перейти́ (perf) to cross, to go over
перестава́ть (impf) to cease, to stop
переста́ть (perf) to cease, to stop
переходи́ть (impf) to cross, to go over
перó pen
перча́тка glove
песе́ц Arctic fox
пе́сня song
петь (impf) to sing
пилóт pilot
писа́тель (m) writer
письмó letter
пить (impf) to drink
пи́цца pizza
пла́та payment, cost
плати́ть (impf) to pay
плохóй, -а́я, -óе bad
пло́щадь (f) square
по on, by

по моско́вскому вре́мени by/according to Moscow time
по на́бережной on/along the bank
по пути́ on the way
по ра́дио by radio, on the radio
по телеви́зору on television
по телефо́ну on the phone, by phone
по-англи́йски in English
по-мо́ему in my opinion
по-ру́сски in Russian
по-ста́рому as before, as usual
побыва́ть to be in, to spend some time in, to visit
повести́ (perf) to lead, to take
повести́ обе́дать to take for a meal, for dinner
поговори́ть to speak, to have a talk
погово́рка a saying
пограни́чный, -ая -ое frontier/border
пограни́чный контро́ль border control
под нога́ми under the feet
подеше́вле a bit cheaper
поднима́ть (impf) to lift, to raise
подня́ть (perf) to lift, to raise
подойти́ (perf) to suit, to match, to approach
подо́лгу a long time
подтверди́ть (perf) to confirm
подтвержда́ть (impf) to confirm
подходи́ть (impf) to approach, to go up to; to suit, to match
по́ездом (по́езд) by train
пожа́луй perhaps, very likely, I dare say
пожа́луйста please
поза́втракать (perf) to have breakfast
позвони́ть (perf) to phone, to call
познако́мить (perf) to introduce
познако́миться (perf) to meet, to be introduced, to get to know someone
пойти́ (perf) to go
пойти́ по магази́нам to go around the shops
пока́ until
пока́ нет not yet
показа́ть (perf) to show
покупа́ть (impf) to buy
поку́пка a purchase
по́ле field
поле́зен, -поле́зна, -но useful, beneficial (short form of adjective)
поле́зный, -ая -ое useful, beneficial

полови́на half
получа́ть (impf) to receive
получе́ние acquisition, obtaining
получи́ть (perf) to receive
поме́рить (perf) to measure, to try on
по́мнить (impf) to remember
помога́ть (impf) to help
помо́чь (perf) to help
понима́ть (impf) to understand, to comprehend
поня́тно (it is) understood/clear
поня́ть (perf) to understand, to comprehend
пообе́дать (perf) to dine, to have dined, to have dinner
попада́ться (perf) to be caught
попроща́ться (perf) to say goodbye
попу́тчик (m) travelling companion
попу́тчица (f) travelling companion
пора́ it is time
порекомендова́ть (perf) to recommend
после́дний, -ая, -ое last
после́довать (perf) to follow, to proceed
посмотре́ть (perf) to have a look at, to see
посове́товать (perf) to advise, to recommend
постира́ть (perf) to wash
постро́ен, -а -о built (short form of adjective)
постро́ить (perf) to build
посчита́ть (perf) to calculate, to add up
посыла́ть (impf) to send
пото́м then
потому́ что because
почему́? why?
почи́стить (perf) to clean
почти́ almost
пра́вда truth; it is true
пра́вильно it is correct, right
предлага́ть (impf) to suggest
предприя́тие venture, undertaking
пре́жде всего́ first of all
пре́жде чем нача́ть before starting
прекра́сен, -а, -о beautiful, pretty (short form of adjective)
прекра́сный, -ая, -ое beautiful, pretty
преподава́тель (m) teacher
преподава́тельница (f) teacher
при себе́ with you, on you
прибыва́ть (impf) to arrive

прибы́вший, -ая, -ее arrived (in English, often "arriving")

прибы́тие arrival

приглаше́ние invitation

пригото́вить (perf) to prepare, get ready, make

приезжа́ть (impf) to arrive

прие́хать (perf) to come (by transport)

приземли́ться (perf) to land

прилета́ть (impf) to fly to, to arrive by air

приме́рно approximately, about

принима́ть (impf) to accept

приня́ть (perf) to accept

приня́ть душ (perf) to take a shower

присла́ть to send

приходи́ть (impf) to come, arrive

приити́ (perf) to come, arrive

прия́тно it's pleasant

пробле́ма problem

пробы́ть (perf) to stay, to remain

провести́ (perf) to accompany, to take (on foot), to see off; to spend time

проводи́ть (impf) to accompany, to take (on foot), to see off; to spend time

програ́мма program

продаве́ц sales assistant

проду́кт product, grocery

проезжа́ть (impf) to go through

прое́хать (perf) to go through (by transport)

произноше́ние pronunciation

проспе́кт brochure, prospectus; prospect, long, wide road

прости́ть (perf) to pardon, forgive

прости́ться (perf) to say goodbye

про́сто simply

просто́й, -а́я, -о́е simple, straightforward, easy going

про́сьба request

проти́скиваться (impf) to force one's way

проходи́ть (impf) to travel through, to pass (of time)

проща́ть (impf) to pardon, forgive

проща́ться (impf) to say goodbye

про́ще simpler, easier

пря́мо straight

путь (m) way

пыта́ться to try

рабо́та work

рабо́тать (impf) to work

рад (m), **ра́да** (f) pleased
разгова́ривать (impf) to talk, to chat
разлу́ка parting
ра́но early
распакова́ть (perf) to unpack
располо́женный, -ая, -ое situated
регистра́ция registration
ре́йс flight
река́ river
рекомендова́ть (impf) to recommend
рестора́н restaurant
реша́ть (impf) to decide
реши́ть (perf) to decide
роди́тели parents
рожде́ние birth
роль (m) role
росси́йский, -ая, -ое Russian (pertaining to the Russian state)
ру́сский, -ая, -ое Russian
ру́чка pen
ры́ба fish
с with
с и́скренним уваже́нием with sincere respect
с тех пор from that time, since then
с трудо́м with difficulty
с удово́льствием with pleasure
сади́тесь sit down.
сади́ться (impf) to sit down
сала́т salad
са́мое нача́ло the very beginning
самолёт airplane
самолётом (самолёт(m)**)** by plane
са́мый, -ая, -ое same, selfsame, the very
сапо́г boot
сара́й (m) shed
свида́ние meeting
свобо́дный, -ая, -ое free
свой, своя́, своё my own, thine own, his own, her own, its own
сде́лан, -а, -о done, finished (short form of adjective)
сде́ланный, -ая, -ое done, finished
сде́лать to do
себя́ oneself
сего́дня today
сейча́с right now, immediately
село́ village

семья́ family
сестра́ sister
сигаре́та cigarette
си́льный, -ая, -ое strong
ситуа́ция situation
сия́ть (impf) to shine
ска́жем let's say, we'll say
сказа́ть (perf) to say
сквозь through
ско́лько? how much? how long?
ско́лько сейча́с? what time is it now?
ско́лько сто́ит? how much does it cost?
скоре́е faster, rather
скро́мность modesty
сле́довать (impf) to follow, to proceed
сле́дующий, -ая, -ее following, proceeding
слова́рь (m) dictionary
сло́во word
сло́жный, -ая, -ое difficult, complicated
слу́шать to listen
слы́шать (impf) to hear
сля́коть (f) slush
смесь (f) mixture
смея́ться (impf) to laugh
смотре́ть переда́чу to watch a program
смотре́ть телеви́зор to watch television
смочь (perf) to be able to
смысл sense, meaning
снача́ла at first
снег snow
снима́ть (impf) to take off, to remove
снять (impf) to take off, to remove
собо́р cathedral
собра́ние meeting
соверше́нно completely
сове́товать (impf) to advise
совме́стное предприя́тие joint venture
совме́стный, -ая, -ое joint
совсе́м completely
совсе́м не not at all
согла́сен, согла́сна, -о agreed, according to, in conformity with
согласи́ться (perf) to agree
соглаша́ться (impf) to agree
сожале́ние regret

созда́ние establishing, setting up
созда́ть to found, to set up
со́лнце sun
соля́нка по-моско́вски solyanka soup, Moscow style
сосе́д (m) neighbor
сосе́дка (f) neighbor
состоя́ться (perf) to take place
спаси́бо thank you
спать (impf) to sleep
спекта́кль (m) performance
спеши́ть to hurry
спе́шка a rush
спра́шивать (impf) to ask
спроси́ть (perf) to ask
сра́зу at once, straight away, immediately
стака́н a glass
станови́ться (impf) to get, to grow, to become
ста́рый, -ая, -ое old
стать (perf) to get, to grow, to become
стена́ wall
стира́ть (impf) to wash
сто́имость (f) cost, value
сто́ить (impf) to cost, to be worth
стол table
стол регистра́ции check in
стоя́ть (impf) to stand
стоя́ть в о́череди to stand in line
страна́ country
строи́тельство building, construction
стро́ить (impf) to build
студе́нт (m) student
студе́нтка (f) student
стул chair
суди́ть (impf) to judge, to criticise
существова́ть (impf) to exist
сча́стлив, -а, -о happy, fortunate (short form of adjective)
счастли́вый, -ая, -ое happy, fortunate
сча́стье happiness, good fortune
счита́ть (impf) to consider
счита́ться (impf) to be considered, to consider
табли́чка a card, notice (as held up in airports with the name of a person)
так so
та́кже also

такóй, -áя, -óе so, such, such a one
талáнт talent
там there
тамóженный досмóтр customs check
тамóжня customs
татáрин (m) a Tatar
татáрка (f) a Tatar
теáтр theater
телевúдение television
телевúзор television (set)
телефóн telephone
тéло body
температýра temperature
тéннис tennis
теплó (neuter noun) warmth
терпéние patience
терять (impf) to lose
течéние flow, course (of time); trend; current (river,etc.)
тёплый, -ая, -ое warm
тирáн tyrant
то же сáмое the very same
товáрищ (m or f) comrade, friend
тогдá then
тóже also
толпá crowd
тóлько only
тóник tonic
тост toast
тóчно exactly
традúция tradition
трáнспорт (m) transport
три three
труд labour, toil, work, exertion
трýдно difficult
трýдность difficulty, hardship
тудá there [to there]
ты you [thou]
тяжёлый, -ая, -ое heavy
у at; beside; by; near; on
У меня всё хорошó Everything's fine.
у меня есть I have [at me is]
у меня к вам прóсьба I'd like to ask you a favour
у неё she has/at her place [at her]
у себя в кабинéте in my office [at myself in office]

уваже́ние (n) respect
уве́рен, -а, -о convinced (short form of adjective)
уви́деть (perf) to see, to have seen
у́гол corner
угости́ть (perf) to treat, to pay for
угоща́ть (impf) to treat, to pay for
двухме́стный two place/berth
удо́бно convenient
удово́льствие pleasure
до́ллар dollar
дя́дя uncle
ужа́сен, ужа́сна, -о awful, terrible (short form of adjective)
ужа́сно terribly
ужа́сный, -ая, -ое awful, terrible
уже́ already
украи́нец (m) a Ukranian
украи́нка (f) a Ukranian
улета́ть to fly out [to depart]
у́лица street
умыва́ться (impf) to wash oneself
университе́т (m) university
уника́льный unique
упражне́ние (n) exercise
уро́к lesson
устра́иваться (impf) to arrange, put in order, settle in
устро́иться (perf) to get organised
у́тро morning
фа́брика (f) factory
факс fax
фами́лия surname
фильм film
фи́рма firm, company
францу́зский, -ая, -ое French
химчи́стка dry cleaning
хо́лодно it is cold
хоро́ший, -ая, -ее good
хорошо́ it is good, fine
хорошо́ пообе́дать (perf) to have eaten well
хоте́ть (impf) to want
хоть even though
хотя́ although, despite
худо́жник (m) artist
худо́жница (f) artist
ху́же worse

цвето́к flower
це́лый, -ая, -ое entire, whole, complete
Це́льсий centigrade/Celsius
цена́ price
центр center
це́рковь (f) church
ча́й tea
час hour
ча́стный, -ая, -ое private
ча́сто often
чем вы хоте́ли бы..? What would you like to...
чемода́н suitcase
чемода́нчик little suitcase (a diminutive form of чемода́н)
че́рез in, after
че́рез неде́лю in a week
че́рез четы́ре часа́ (час (m)) in four hours
чернови́к a draft
чёрный, -ая, -ое black
число́ number, date
чи́стить (impf) to clean
чита́ть (impf) to read
что that
что ещё? what else?
что вы посове́туете? what do you advise, recommend
что но́вого у вас? what's new?
что-то something
чу́вство feeling
чуде́сный, -ая, -ое wonderful, marvelous
Чуть не забы́л! I almost forgot!
чуть-чуть just a little, a tiny bit
шампа́нское champagne
ша́пка fur hat
шеде́вр masterpiece (from the French "chef-d'oeuvre")
шко́ла school
шоссе́ highway
шум noise
шу́мно noisy
экску́рсия trip, excursion
экспона́т exhibit
э́то this, that, it; this is, that is, it is
язы́к language, tongue
яйцо́ egg